LES HOMMES MANQUENT DE COURAGE

Du même auteur

Sale gosse, L'Iconoclaste, 2019 ; J'ai lu, 2021
Ne t'arrête pas de courir, L'Iconoclaste, 2021 ; Proche, 2023
Nos pères, nos frères, nos amis, Les Arènes, 2023 ; Proche, 2024

L'Iconoclaste,
26, rue Jacob, 75006 Paris
Tél. : 01 42 17 47 80
iconoclaste@editions-iconoclaste.fr
www.editions-iconoclaste.fr

MATHIEU PALAIN

LES HOMMES MANQUENT DE COURAGE

L'ICONOCLASTE
ROMAN

Avertissement

De nombreuses raisons peuvent conduire un auteur à écrire une histoire en particulier, et pas une autre. Des bonnes, des mauvaises, et un tas de raisons qui lui échappent. On sait rarement pourquoi on fait les choses au moment où on les fait. Avec de la chance, on le comprendra plus tard.

J'ai rencontré Jessie un jour de pluie. Elle m'attendait devant la grille d'un collège, emmitouflée dans une fausse fourrure. «Je suis prof de maths, ici. Ça vous dérange si on boit un café un peu plus loin? Le quartier est infesté de parents d'élèves.» Je ne la connaissais pas. Elle m'avait contacté par Facebook. J'avais à peine eu le temps de redémarrer qu'un déluge fracassait le pare-brise, alors on avait oublié le café et je m'étais mis à rouler. Je me demandais où j'allais. Je me demandais ce que faisait cette inconnue sur le siège passager. Au bout d'un très long moment, elle a prononcé une première phrase, puis une deuxième, et comme ça, sans s'arrêter de rouler, en regardant la pluie tomber, elle a déterré le passé.

Tout de suite, j'ai eu le sentiment d'avoir affaire à un *personnage*. On s'est revus chaque semaine, sur le même banc, pendant un an. J'aurais été incapable d'inventer son histoire. De son côté, elle ne savait pas dire pourquoi elle se confiait. « Peut-être que secrètement, j'espère que tu écriras ce livre, pour que je dise à mes proches "voilà, si tu veux savoir d'où je viens, tu n'as qu'à lire ça". »

Les lieux, les prénoms, et tous les détails qui permettraient de la reconnaître ont été modifiés. Je la remercie pour sa confiance.

Mathieu Palain

C'est une nuit qui remonte à la surface. Je l'enfouis sous des couches de souvenirs, mais elle remonte, elle se fraye un chemin, elle me surprend devant les élèves, en salle des profs, à table au milieu d'une phrase avec des amis, le soir en prenant ma douche, le matin, au réveil, assise au bord du lit.

C'était le week-end de Pâques, deux ans avant l'été où tout a brûlé. Nous étions condamnés et nous le savions, mais nous parvenions à nous maintenir dans cette stupide insouciance : chacun considérait ses problèmes plus graves et plus urgents que celui qui nous concernait tous. Parce qu'elle était encore petite, j'avais fait l'effort de cacher des chocolats sur le balcon pour Nora, mais une chaleur inhabituelle s'était posée sur la ville et j'avais redouté qu'ils fondent avant qu'elle ne les trouve. Je suais abondamment. J'avais 43 ans. Je recevais ma belle-famille à la maison et j'arrivais au bord d'un précipice. Tout ce que j'avais cherché à fuir était en train de me rattraper.

Ce matin-là, j'avais ouvert les yeux avant le réveil. Toujours la même angoisse : je marchais sur une plage, heureuse d'apposer mes empreintes dans le sable, j'observais les touristes en maillot, occupés à lécher des glaces, construire des châteaux, jouer aux raquettes… Soudain, ils s'arrêtaient et désignaient une vague, au large, qui se formait. Je scrutais l'horizon : c'était une petite vague. On devinait à peine la ligne dessinée par la houle. Autour, la panique se répandait. Les parents manquaient de disloquer les épaules de leurs enfants en les attrapant au vol, et moi je restais là, sans comprendre. Cette vague n'avait rien de menaçant. On pouvait lui faire confiance.

Pourtant, après un temps d'hésitation, elle se décidait à aspirer l'eau devant elle. Depuis la plage, on la voyait gonfler. Sa lèvre blanchie par l'écume se dressait sur la pointe des pieds. Je finissais par comprendre qu'elle allait me briser les os, mais désormais seule sur cette plage, au milieu des seaux, des pelles, des serviettes et des glacières abandonnés, je réalisais que j'étais ensablée au-dessus du genou. Je tirais sur mes cuisses, affolée. L'ombre du monstre s'allongeait sur le sable. Je me réveillais toujours au même moment : deux mains immenses jaillissaient du corps de la vague, m'attrapaient à la gorge, et serraient.

C'était un rêve désagréable. J'avais filé sous la douche pour laver ces images, et pour finir de me ramener à la réalité, j'avais baissé la température de l'eau jusqu'à ce qu'elle soit carrément gelée. Ensuite, j'avais sauté dans un jean, bu mon café debout dans la cuisine, et j'étais sortie sous la fournaise. Je m'étais offert des fleurs avant d'arriver chez Mehdi, le coiffeur de la rue d'Avron. « C'est gentil d'avoir pensé à moi », il avait lancé en me voyant pousser la porte. J'ai jeté un œil à mes pivoines, et j'ai souri. Je les avais choisies mauves, à boutons fermés.

En oubliant la radio qui crachait « Stayin' Alive », des Bee Gees, le salon était plutôt calme.

Je l'avais toujours connu plein les samedis, la faute à l'inscription BAPTÊMES ET CÉRÉMONIES peinte en rose sur la vitrine, mais Mehdi prenait de l'âge et sa boutique avec. Les publicités L'Oréal n'avaient jamais été remplacées. Les visages des mannequins blanchissaient.

– Jessie, tu peux laisser ton manteau au vestiaire et m'attendre au bac ? Je finis avec Samia.

C'est ma mère qui avait insisté pour m'appeler Jessie. Elle ne s'était pas dit que ça ferait Américaine, ou esthéticienne, ou candidate de téléréalité. Elle trouvait ça joli. Je suis professeure de mathématiques.

– Ça fait combien de temps ? Dis-moi la vérité, il s'appelle comment ? a demandé Mehdi.

– Qui ça ?

Il a écarté les bras de façon théâtrale.

– « Qui ça ? », elle me dit… Tu te moques de moi ? Le coiffeur avec lequel tu me trompes !

Il m'a souri dans le miroir tout en massant mon crâne de ses doigts osseux. Je le trompais avec un tas de coiffeurs. Si je l'avais choisi ce matin-là, c'était uniquement parce que j'étais fauchée et qu'il était le dernier du quartier à rester sous les 50 euros.

Il s'est extasié sur le volume de mes cheveux et leur noirceur impeccable. Je lui ai répété que je n'y étais pour rien, j'avais hérité des cheveux de mon père, un vieil Italien à la peau tannée comme une selle de cheval. Papa s'était découvert un cheveu blanc à 45 ans. Il en avait 68 à présent et venait de rentrer chez lui, un village à flanc de falaise sur la côte amalfitaine. Atrani, ça s'appelle. Quand j'étais petite, ce n'était pas connu, on n'y croisait personne à part des vieillards qui attendaient la mort en regardant la mer. Mais l'église, le port de pêche, les rues pavées, Internet a tout avalé, et à la terrasse des cafés les plus miteux du village on a maintenant toutes les chances d'être assis à côté d'une célébrité. J'exagère à peine. Richard Gere a rencontré sa femme à Atrani.

C'était le plan de mon père, ça, rentrer au pays et se trouver une femme. Je me sens un peu responsable, dans le sens où je l'avais pas mal encouragé là-dedans. Je le voyais, à 67 ans, enchaîner les extras chez Pizza Del Arte. Je lui répétais « Arrête de végéter ici, va en Italie », mais il est *space* mon père, je comprends qu'il ne trouve pas de femme. Il dit que c'est à cause du racisme, parce qu'il vient de l'arrière-pays. Son père était balayeur, c'est lui qui montait les bonbonnes de gaz au village, donc à l'école les fils de pêcheurs se moquaient de lui. Résultat : l'école, il l'a quittée avant d'avoir su lire, et ce retard-là, tu ne le rattrapes jamais. Encore aujourd'hui, il sait à peine écrire l'italien, mon père. Mais il savait rendre la monnaie, alors à 12 ans il servait à Naples, à 15 ans à Rome, et quand son frère a sauté dans un train pour Paris, il l'a suivi. Son premier poste, c'était une brasserie sur les Champs, un sale patron qui le traitait de Rital et volait dans ses pourboires. Puis il a rencontré ce type qui lui a parlé de Pizza Del Arte. Le cliché de l'Italien aux cheveux brillants, ça plaisait, je crois qu'il en a pas mal profité, mais à son âge c'était terminé, et il s'ennuyait tellement qu'il avait cramé pas loin de 100 000 euros à la Bourse. Il avait bradé son pavillon d'Aulnay, pour la première fois de sa vie il s'était retrouvé avec un peu d'argent, et ça devait lui brûler les doigts parce qu'il s'était mis à pianoter dès le petit déjeuner sur son téléphone, un peu l'or, un peu le pétrole, il n'a pas dû perdre des masses au début mais il a perdu quand même, et il a voulu se refaire. Comme un pigeon de casino. Je l'ai appris en triant ses papiers. Ça m'a rendue malade.

Ça me rend encore malade d'ailleurs, faut pas que j'y pense, parce que c'est un gros radin mon père, toute ma vie je l'ai vu compter ses pièces. Quand je lui demande 500 euros c'est tout juste s'il me fait pas signer une reconnaissance de dette.

– À quelle heure on doit être à la mairie ? a demandé une cliente, la soixantaine, coiffée d'un casque d'aluminium qui projetait sur le plafond une tache de soleil, comme une poursuite de music-hall.

– 16 h 15, a répondu une voix à ma gauche dont le visage, de là où je me trouvais, était invisible.

J'avais la nuque contre l'émail du bac à shampooing.

– C'est précis, a commenté Mehdi.

– Les mariages à la mairie, c'est l'usine, a soufflé Samia. Je crois qu'il y en a une dizaine cet après-midi.

Elles s'y rendaient toutes les trois. La femme au casque argenté s'est révélée être la mère du marié, un certain Salim qui était au même moment chez un autre coiffeur, un peu plus loin dans la rue.

– Ah oui, chez qui ? a demandé Mehdi.

– Paffy, Puffy, un nom comme ça, a répondu la mère du marié en attrapant un magazine.

Les pages volaient à un rythme trop élevé pour laisser penser qu'elle lisait les articles.

– Le Noir avec ses coupes à 7 euros ? Celui qui colle des photos sur sa devanture ? C'est pas un coiffeur, a grincé Mehdi. Je parie qu'il a même pas de ciseaux.

– En tout cas, c'est toujours plein, a osé la fille à ma gauche. Il y a des footballeurs connus qui vont chez lui.

– C'est pas de la coiffure, c'est un barbier le mec, tout à la tondeuse.

Mehdi a désigné son apprenti, un maigrichon aux yeux maquillés, avec de longues tresses qui lui tombaient sur les fesses. Les stigmates d'une acné agressive lui creusaient encore les joues.

– À quoi ça sert d'envoyer des mômes en CAP si l'avenir du métier c'est du taillage de haies ? Autant prendre des jardiniers.

Mehdi a appliqué une serviette sur mes cheveux trempés et m'a présenté le fauteuil du milieu. J'ai pu enfin apprécier le visage de la voix à ma gauche. 35 ans, très belle, un maquillage léger sous une coiffure compliquée.

– Je savais pas que tu faisais les ongles, j'ai dit.

Mehdi s'est retourné pour lire à l'envers le mot ONGLERIE sur sa vitrine.

– T'en penses quoi ? J'aurais pu mettre « bar à ongles » mais ça m'a semblé ridicule. J'offre pas le Ricard avec un semi-permanent.

Il a soupiré et mis deux coups de ciseaux dans l'air, comme un réflexe.

– De toute façon, c'est pas comme si ça se bousculait au portillon…

– Pourquoi tu t'es lancé là-dedans ? j'ai demandé.

– Je te dis la vérité ? Pour emmerder les Chinoises. Je sais pas d'où elles sortent leur fric mais ça y est, la guerre est déclarée. Tu te souviens de la petite Nadège, qui avait son salon rue des Haies ? C'est une Chinoise qui l'a racheté. Rue de la Réunion, pareil, le tailleur qui a pris sa retraite en Israël, encore une Chinoise. Alors ça va sûrement me coûter plus de blé que ça va m'en rapporter mais c'est de la résistance, tu vois, faut qu'elles comprennent qu'elles peuvent pas rouler comme ça sur le monde.

Samia affirmait que l'argent venait de la prostitution. Les putes de Belleville étaient toutes arrachées à la même campagne au fond de la Chine. La mafia leur piquait leur passeport, leur fric, et quand elles avaient leur compte sur le trottoir, on leur filait une petite boutique en gestion, un pressing, un bureau de tabac, un bar à ongles.

– T'as vu ça où ? a demandé la jolie brune à la coiffure compliquée.

– Un reportage à la télé.

– Faut se méfier des reportages à la télé, a commenté Mehdi. Ils racontent beaucoup de conneries.

– Non mais c'était une vraie chaîne, genre Arte.

– Et ça, c'est fiable ?

La mère du marié a brandi un magazine dont le titre s'étalait sur la une en diagonale : « Harry déshérité par son père ! Charles III coupe les ponts avec le prince maudit ! » On a ri toutes les quatre et Mehdi nous a avoué qu'il s'était découvert une passion pour la famille royale depuis qu'il regardait *The Crown*, la série.

– Je me suis fait happer. Même Charles, avec ses oreilles ridicules, j'ai fini par m'y attacher.

La jolie brune a acquiescé, elle avait tout regardé.

– J'en suis à la saison avec Lady Di, a poursuivi Mehdi. J'ai vu son mariage et leur tournée du Commonwealth.

Ils ont échangé un moment sur les rebondissements de la série mais comme nous étions plusieurs à ne pas savoir de quoi il retournait, la jolie brune nous a raconté la scène qui, en tant que mère, l'avait bouleversée. Ça se passait en 1982, Margaret Thatcher dirigeait le pays et n'avait plus de nouvelles de son fils Mark, disparu sur le Paris-Dakar. La reine s'était offusquée qu'on puisse hiérarchiser l'amour porté à ses enfants – « Votre Altesse, mon fils préféré est perdu dans le Sahara ! » – mais le roi lui avait rétorqué qu'elle était bien mal placée pour parler, qu'elle avait un préféré elle aussi, et d'ailleurs tout le royaume était au courant. Elizabeth avait alors invité ses quatre enfants à dîner, à tour de rôle, et à la fin elle avait réalisé qu'en effet, au moment de se quitter, pour l'un d'entre eux, ça lui faisait quelque chose.

– Qui ça ? j'ai demandé.

– Andrew. Celui qui était mêlé à ce type, là, un pédophile, le milliardaire qui s'est suicidé en prison… Je me souviens plus de son nom.

– Sympa…

– Charles est son fils héritier, il doit lui succéder. Mais au cours du dîner, la reine prend conscience qu'ils n'ont rien en commun. Elle aime les chiens, la chasse, la campagne... Lui, c'est un poète torturé par ses sentiments, qui veut se marier avec la femme qu'il aime, non mais quelle idée...

J'imagine que c'est l'image de ce tête-à-tête entre une mère et son fils qui m'a rappelé Marco. Je me suis excusée un instant pour récupérer mon téléphone au vestiaire et j'ai disparu dans le couloir. J'ai dû soupirer en me rasseyant car Mehdi m'a demandé si ça allait. J'aurais pu répondre « oui, oui », en forçant le sourire, mais je n'ai pas eu les tripes de faire semblant.

– C'est mon fils, Marco. Ça fait trois jours qu'il a déserté la maison.

L'air s'est chargé d'un poids désagréable. On n'était pas venues pour ça.

– Il ne va plus à l'école. Il ne m'écoute plus. Il veut se faire émanciper.

Mehdi a posé ses ciseaux sur une desserte débordant de brosses à cheveux. Il cherchait mon regard dans le miroir. Je sentais la boule de larmes dans mon ventre. Ça recommençait.

– Quel âge il a, ton fils ? a demandé la mère du marié.

– 15 ans.

– Ça fait jeune pour vivre à la rue.

– Il n'est pas à la rue. Il a une copine, il passe sa vie avec elle. Mais il a aussi des potes que je ne connais pas, des mecs qui ont le permis… Ce qui m'inquiète, c'est qu'il fume beaucoup de shit.

Mehdi s'est proposé de faire du café. J'étais la seule à en vouloir. Je l'entendais fureter l'intérieur d'une armoire à la recherche de filtres et je me demandais pourquoi j'avais ouvert les vannes comme ça, qu'est-ce qui m'avait poussée à me mettre à nu devant ces femmes que je ne connaissais pas et ce Marocain homosexuel qui me coupait les cheveux occasionnellement depuis dix ans sans que j'aie jamais ressenti le besoin de lui confier quoi que ce soit d'un peu personnel.

– Le lycée a fait une IP. Une information préoccupante. À cause des absences et de la drogue. Une prof d'histoire a trouvé que ça sentait l'herbe dans sa classe, et Marco avait un pochon dans son sac.

– Si c'est que ça, a soufflé Mehdi.

– C'est pas que ça. Je suis prof, moi, dans son lycée. Prof de maths. L'an dernier, je l'ai même pris dans ma classe. Pour l'avoir à l'œil, être au courant du programme dans les autres matières. Il arrivait toujours en retard, il disparaissait sous sa table et prenait dix minutes pour refaire ses lacets, il levait la main et m'appelait « maman », pour faire chier. C'était mon pire élève, j'étais obligée de le virer de cours…

– Ça veut dire quoi, « information préoccupante » ? a demandé Mehdi en posant une tasse fumante près de mon téléphone.

– Ça veut dire que mon proviseur a estimé qu'il fallait alerter les services sociaux. Donc je vais avoir une évaluation à domicile par une assistante sociale. Je l'ai appris par la CPE. « Je te préviens parce que c'est pas rien, tu pourrais perdre ton poste », elle me dit, cette connasse.

– T'entends quoi par « évaluation » ? a demandé la jolie brune.

– Ils viennent à la maison, ils regardent, ils posent des questions, ils vérifient que tu t'occupes de tes enfants, que tu ne les laisses pas à l'abandon, je ne sais pas ce qu'ils font. J'ai appelé la mairie pour leur montrer que je suis sur le coup, ils m'ont donné le numéro d'un centre dans le 12ᵉ, pour les addictions. Mais j'ai peur qu'ils m'enlèvent ma fille, Nora, et qu'ils la placent. Elle n'a même pas 4 ans.

– Ils ne placent pas les enfants comme ça, a coupé Samia.

La finesse de ses traits, le nez, le menton, les pommettes, contrastait avec l'épaisseur de cuisses qui semblaient lui avoir été greffées depuis le corps d'une autre.

– Je sais pas, j'ai murmuré. Je le sens pas.

– Mais il a fait quoi au juste, ton fils ? a lancé Mehdi. Parce que là t'en parles comme s'il avait tué quelqu'un.

Je ne savais plus par où commencer. J'obligeais Marco à un test urinaire par semaine mais il faisait pisser un pote à lui, et ça l'amusait de me voir débarquer dans sa chambre transformée en aquarium. Je recevais des mails quotidiens m'annonçant qu'il ne s'était pas présenté en cours ou qu'il avait écopé d'un rapport parce qu'il dormait sur sa table. Marco avait été sanctionné de deux avertissements, pour le travail et le comportement, et de trois jours d'exclusion après un conseil de discipline au cours duquel il avait frôlé le renvoi définitif. Mais à la rigueur, pour tout ce qui avait trait à l'école, j'arrivais à me dire que rien n'était perdu. Malgré un système scolaire détraqué qui produisait des dépressifs à la chaîne, il était encore possible de se reprendre. Non, ce qui me réveillait la nuit était le sentiment tenace, presque une certitude, d'avoir échoué aux deux seules missions que la vie m'avait confiées : celle d'enseignante, et celle de mère. Ce n'était plus choquant pour moi de me faire insulter. Marco avait intégré qu'il pouvait s'adresser à moi comme à n'importe lequel de ses potes. Ça avait débuté quelques mois plus tôt, en décembre. Le commissariat du 1er m'avait appelée en classe parce qu'il avait volé des jeux vidéo chez Micromania. Je n'avais rien dit devant l'officier de police, rien non plus dans la voiture, mais en arrivant à la maison, je n'avais pas pu retenir ce qui butait contre mes lèvres. Je m'étais lancée dans un sermon inutile et enflammé, qui disait en substance qu'il allait dans le mur et qu'il me désemparait à force de prendre systématiquement les mauvaises décisions.

– Oh putain mais TA GUEULE !

Une seconde de silence. Puis ma main avait saisi un tabouret. Il avait manqué sa tête de peu. Avait rebondi contre la cloison. Creusé cinq trous dans le contreplaqué. Dans ses yeux, une lueur étrange s'était mise à briller. Alors c'est possible. Alors dans cette maison de fous, on peut se jeter des meubles au visage. Alors même de toi, ma propre mère, je vais devoir me protéger.

Nora regardait la télé. Elle s'était retournée. Elle avait attendu une seconde avant de rire aux éclats. Sur le coup, ça m'avait rassurée, mais le lendemain sa maîtresse était venue me trouver : « La journée s'est bien passée mais Nora n'était pas comme d'habitude, elle a lancé beaucoup de choses. »

Les clientes avaient toutes des connaissances à qui on avait retiré les gamins. Il fallait faire attention, cela n'arrivait pas qu'aux autres. Je le savais, bien sûr. Il m'était arrivé de faire remonter des inquiétudes à propos d'enfants qui sentaient le matin en entrant dans ma classe, des enfants qui avaient des bleus sur le visage, qui refusaient d'enlever des pulls trop larges sous une chaleur irrespirable. Des filles au regard triste, qui sautaient le repas du midi et s'effondraient dans la cour, qui avaient toujours mal au ventre, prenaient des

Spasfon pour des Tic Tac et passaient leur vie à l'infirmerie. Je savais que les services sociaux se comportaient avec les parents comme la justice avec un prévenu : ils entraient dans votre vie, fouillaient, ouvraient les placards, emportaient ce qui les intéressait, s'autorisaient toutes les questions, et avant que vous en ayez pris conscience, les éléments les plus insignifiants de votre existence étaient retenus contre vous. Votre vie amoureuse, votre vie sexuelle, vos amis, vos parents, les messages que vous aviez envoyés, les disputes qui n'avaient pas été effacées, tout serait scruté sous l'angle de la culpabilité. Je les entendais déjà, les enquêteurs, avec leurs calepins à petits carreaux : « Alors vous êtes enseignante, professeure de mathématiques dans le secondaire, et votre fils qui se présente en classe sous l'emprise de stupéfiants, cela ne vous inquiète pas ? Vous êtes la maman d'un mineur de 15 ans, vous restez sans nouvelles de sa part pendant soixante-douze heures, et vous ne jugez pas utile de signaler sa disparition ? »

Vous pouvez y aller, il n'y a pas de bonnes réponses à ces questions.

La porte du salon s'est ouverte et un jeune casqué a demandé le responsable. Mehdi a secoué ses mains dans tous les sens pour se débarrasser des petits cheveux, il a signé le bon de livraison et s'est rincé l'œil en suivant le mouvement du jeune homme qui traversait la pièce avec son casque sur la tête. Son pantalon, encore serré par la position sur le scooter, moulait ses fesses musclées. Le livreur a déposé ses gros cartons derrière les bacs à shampooing, avant de nous souhaiter une bonne journée et se faire aspirer par la rue. La discussion a repris son cours immédiatement, comme si quelqu'un, de l'autre côté de l'écran, avait appuyé sur PLAY.

– Il allait bien l'an dernier ? a demandé Mehdi en retrouvant son tabouret à roulettes. Ton fils. Il s'est passé quelque chose dans sa vie ?

– Il s'est fait agresser, trois mecs qui lui ont volé son iPhone, mais j'ai pas l'impression que ça l'ait traumatisé. Non, il est en dépression. Et moi ça me rend méchante de le voir comme ça. « Le jour où je t'ai conçu, j'aurais mieux fait de me pendre », je lui ai dit. Et je le pensais. Parce que s'il meurt demain, je meurs aussi, mais il est la première cause de mes angoisses quand je me lève le matin et quand je me couche le soir. Lorsque tu as un gamin qui n'est pas heureux, pas épanoui, qui te renvoie en permanence l'image de tes échecs, tu te dis Merde, pourquoi j'ai fait ça?

Samia a précisé qu'elle avait trois enfants et qu'elle les aimait plus que tout au monde, avant de raconter l'histoire de cette actrice qui estimait que ses gosses avaient foutu sa vie en l'air et que, si c'était à refaire, elle se ferait ligaturer les trompes.

– Bonjour la psychanalyse, a murmuré la mère du marié.

– Après, on ne connaît pas ses enfants, a relevé Mehdi. C'étaient peut-être des vampires qui lui ont pompé tout son fric. Qu'est-ce que t'en penses, Jessie, on coupe encore un peu ou on s'arrête là?

Il a dégainé un miroir pour me montrer l'arrière de ma tête. J'avais l'impression d'observer une inconnue.

– C'est bien comme ça, pas trop court, j'ai dit en souriant du mieux que j'ai pu.

– Et ton mari, il en pense quoi? il a demandé en cherchant un balai abandonné sous une photo d'Andie MacDowell qui avait dû être prise à l'époque de *Quatre mariages et un enterrement*.

J'en ai profité pour m'examiner dans le miroir et m'ébouriffer la frange.

– Il est tout sauf souple, mon mari, j'ai dit en grattant un petit cheveu tombé sur le bout de mon nez. La réaction de Jalil en apprenant, pour l'IP, ça a été : « Si j'ai des problèmes avec ma fille à cause de l'assistante sociale, ton fils, je le vire. »

– Je vois…

– C'est pas un méchant, pas du tout, mais il est volcanique. La semaine dernière il est rentré à la maison sur le temps de midi et il a surpris Marco avec sa copine. Ils couchent ensemble. Bon, c'est vrai qu'ils sont jeunes mais ils se protègent, ils font rien de mal… Il a balancé toutes leurs affaires par la fenêtre.

– Pourquoi il a fait ça ?

– Parce qu'il ne supporte pas que des ados fassent l'amour sous son toit. Mais c'est un truc de mec, ça, mon père était pareil. Il refusait que je dorme avec mon ex dans sa maison parce que, j'imagine, c'était prendre le risque de laisser un autre mâle rôder sur ses terres. Et puis, je pense qu'il y a un peu de jalousie chez mon mari, parce que je suis tellement perturbée avec tout ça que j'ai plus de libido. Il ne le dit pas mais je sais que ça le dérange, de voir que Marco, lui, a une vie sexuelle.

La mère au casque argenté tenait à me donner son avis. Elle comprenait Jalil, le sexe hors mariage était un péché, y céder dans la maison de ses parents relevait d'une forme grave de manque de respect. J'aurais pu lui emboîter le pas en critiquant Jade, la copine de Marco, une fille de 17 ans qui portait des crop tops blancs sans soutif, laissait ses baskets au milieu du couloir, se servait dans le frigo sans demander la permission et riait aux éclats à 3 heures du matin sans prendre en compte le fait que, peut-être, elle allait nous réveiller. Mais je n'en pouvais plus de tous ces gens persuadés d'avoir raison, convaincus d'appartenir au camp du bien. Cette femme était certaine que son Salim avait respecté les règles, et qu'en fils modèle il allait se marier vierge à 30 ans. Il y avait vraiment peu de chances pour que ce soit le cas. Des gamins débordés par leur désir, prêts à payer pour échapper à la misère sexuelle imposée par leur quartier ou leurs parents, j'en avais connu tellement… J'ai ôté ma blouse, j'ai épousseté les cheveux qui avaient atterri sur mes cuisses, et j'ai souri. L'apprenti en avait terminé lui aussi. Samia a évalué sa coupe dans le miroir, pivoté sur ses grosses cuisses pour tester l'effet produit quand on la voyait de dos, puis elle a demandé aux autres ce qu'elles en pensaient. Elles adoraient. Mehdi m'a présenté sa machine à carte bleue et, d'une voix rassurante, m'a fait promettre de ne pas me rendre malade, ça finirait par s'arranger, tout finit toujours par s'arranger. Je suis sortie en agitant la main et j'ai attendu de m'être suffisamment éloignée pour vérifier ma tête dans les vitres d'une voiture garée. Je me demandais quelle direction avait prise leur discussion. Les probabilités qu'elles soient déjà en train de parler de moi, de mon fils, de mon incompétence étaient plutôt élevées, et Mehdi qui était si gentil émettait sûrement des hypothèses sur la décision des services sociaux, commentait mon teint, mon poids, prononçait les mots « fatigue », « dépression », et peut-être cette phrase : Il faut qu'elle voie quelqu'un.

J'avais rendez-vous avec ma mère. Elle avait appelé la veille un peu avant minuit pour m'inviter à déjeuner. C'était une surprise, ça ne lui ressemblait pas. J'ai compris ensuite, en recevant l'adresse, que le véritable rendez-vous, celui qui l'intéressait, aurait lieu avant le restaurant. On devait se retrouver dans un square, au coin de l'avenue Gambetta et du Père-Lachaise. J'avais un peu d'avance, et comme souvent quand je me retrouvais à attendre quelqu'un, j'ai eu envie d'une cigarette. J'étais à l'arrêt depuis deux ans, et rien n'y faisait, ni les patchs, ni les chewing-gums que j'avalais trois par trois, le manque ne me quittait pas. Je n'avais pas de livre sous la main, alors j'ai vérifié à nouveau mes messages et, pour passer le temps, je me suis autorisée à contempler la pelouse et les gens qui traînaient dans le parc. Tous les bancs étaient occupés. Je reconnaissais les mères de famille, leurs cernes, leurs trottinettes, leurs baskets confortables, leurs coups d'œil en direction du bac à sable entre deux plongées en apnée sur Instagram. J'étais l'une d'elles, je marquais dans leur équipe. Je savais qu'elles avaient des mouchoirs, une compote et un gâteau dans la poussette. Je savais qu'il leur arrivait de penser au sexe d'avant. Je savais qu'elles se répétaient « bientôt ça ira mieux ».

Assis sur une balançoire trop petite pour ses jambes ridiculement longues, un lycéen draguait une fille en lui faisant croire qu'il ne partagerait pas son sandwich. « Désolé, je suis en pleine croissance. Si je mange pas tout, je tombe en hypo. » La fille trouvait ça hilarant. Un vieux monsieur les a dépassés. Il portait un manteau d'hiver malgré la chaleur et traînait des pieds dans les gravillons, blanchissant la pointe de ses tennis. Il a continué dans ma direction et, parvenu à ma hauteur, il s'est arrêté.

– Madame, j'ai reçu ce courrier du Crédit lyonnais.

Il m'a tendu une enveloppe décachetée d'où s'échappait un paquet de feuilles.

– Vous comprenez quelque chose, vous ?

Le courrier expliquait par des formules alambiquées qu'après le décès de son épouse, la clôture des comptes engendrait des frais s'élevant à 490 euros. Il fallait que j'explique à ce monsieur que les banques ne connaissaient pas le chagrin mais il refusait d'entendre, et s'approchait encore. Il sentait le bois et la poussière, l'odeur de sciure que prend un vêtement resté trop longtemps au fond d'une armoire. Il paraissait diminué. J'ai pensé que j'arriverais à prendre le dessus en cas de geste brusque, avant de remarquer ses mains calleuses, des mains de menuisier, qui avaient certainement poli des poutres en chêne massif et ramassé des tuiles gelées par l'hiver sur un chantier. Je me suis rappelé ce type qui m'avait cassé le nez à la gare Montparnasse parce que je l'avais traité de connard. Ça n'en finissait plus de saigner. Les psychotiques en crise étaient capables de déployer une force surhumaine, je le savais. Je commençais à me dire que ce papy inoffensif ne l'était peut-être pas tant que ça, quand ma mère est apparue à l'entrée du square. Elle m'a embrassée sur la joue, a fait une remarque à propos de mes cheveux qui étaient bien comme ça, et j'ai à peine eu le temps de rendre ses papiers au vieillard qu'elle m'entraînait de l'autre côté de la rue. Elle portait un ensemble que je ne lui connaissais pas, un complet noir à boutons nacrés. Ses lèvres étaient soulignées d'un rouge léger. Elle avait tendance à dissimuler ses complexes sous une couche extravagante de maquillage, mais ce samedi, ça allait.

Peut-être qu'avant d'aller plus loin, il serait utile que j'aborde deux ou trois points concernant ma mère. C'est une déclassée qui s'est épuisée à chercher l'amour. La vie lui avait d'abord offert le luxe et l'opulence : une villa sur les hauteurs de Nice, une maison de maître en Normandie, des meubles d'antiquaire, des tapisseries de soie, des bonnes, des jardiniers, des chauffeurs. Elle n'a pas souvenir qu'il ait plu dans son enfance. La fortune était celle de son arrière-grand-mère. Les enfants avaient vécu sur l'argent, les petits-enfants l'avaient dilapidé, et quand il n'était plus rien resté, il avait fallu s'adapter. Certains avaient réussi à sauver quelques biens, des meubles, des maisons secondaires, mais maman, non. Je crois que sa famille l'avait déçue, elle n'en attendait plus rien. Ses parents l'avaient reniée le jour où elle était tombée amoureuse d'un immigré. Elle avait tout lâché pour lui, et quand j'ai eu un an et demi, elle l'a quitté. Il s'était comporté comme un salopard, je ne l'ai pas su tout de suite mais quand elle a vu que je devenais une petite fille à papa, elle m'a raconté la vérité : « C'est pas juste, ton père il me frappait. » Ils se sont remis ensemble quand je suis entrée en maternelle, ils se sont mariés quand j'avais 15 ans, un beau mariage en blanc, avec pièce montée et tout ce qui fallait, puis la veille du bac de philo, ma mère a déboulé dans ma chambre à 2 heures du matin, elle m'a secouée comme un prunier, et quand j'ai enfin ouvert les yeux, elle m'a demandé : « Ça te dérange si on divorce, avec ton père ? » Voilà, elle est comme ça, je l'aime et elle n'a pas eu une vie facile mais jusqu'à la fin, elle pensera d'abord à elle.

Elle tenait à passer au cimetière. Son amant, Dominique, un prof de psycho, un mec torturé comme il faut, marié et père de trois enfants mais bisexuel et hyper sensible, qui ne s'était jamais remis de son premier divorce et qui devait bien draguer une étudiante ou deux à la sortie des amphis, venait de mourir dans son sommeil. Crise cardiaque. En tant que maîtresse, elle n'avait pas été conviée aux obsèques. Elle ignorait donc où se trouvait la tombe. L'inhumation était sans doute trop récente pour avoir été répertoriée, car le nom de Dominique ne figurait pas sur le plan, à l'entrée. Ma mère a sonné à la guérite du gardien, un moustachu qui a ôté ses gants de jardinage pour fouiller dans ses tiroirs. Il s'est agité un moment à la recherche d'un papier, a fini par mettre la main dessus et, un peu gêné, nous a avoué qu'il n'avait personne sous ce nom-là. « Regardez dans les allées, il a peut-être été mal orthographié, ça arrive tout le temps. » On a éliminé d'office les carrés juif et musulman pour se concentrer sur les catholiques. L'amant de maman s'appelait Dominique Durant. Rien dans la première allée. Rien dans la deuxième. Rien non plus dans les suivantes. Au tour d'après, je me suis permis de faire remarquer que la terre d'une tombe plus fleurie que les autres avait été fraîchement retournée.

– C'est pas elle ?

– Non, non, c'est ni son nom ni sa date de naissance.

J'ai attendu un tour de plus avant de souffler :

– Maman, je sais que ce n'est pas le moment mais je crois qu'il ne t'avait pas donné son vrai nom.

Sur la tombe, il était écrit « Dominique Dargent ». Il s'était rajeuni de cinq ans. C'était crédible, il ne faisait pas son âge. Ma mère est restée figée, fixant la terre, les fleurs, ces dates séparées par un trait d'union.

– Il ne t'a pas menti tant que ça, j'ai dit. Tu avais son prénom. Et puis, vous vous êtes rencontrés sur Internet. S'il t'avait dit qu'il s'appelait Dargent, tu ne l'aurais jamais cru.

Elle avait mis longtemps à m'avouer cette relation. J'étais contre. C'était une connerie, il fallait qu'elle investisse son couple, qu'elle cesse de fréquenter ce type, elle perdait son temps. Je me suis éloignée pour la laisser seule un moment et je l'ai entendue, avec sa voix cassée, s'adresser à son amoureux. Elle avait l'air d'aller déjà mieux quand elle m'a rejointe devant le portail. Elle avait faim. Elle a choisi la première brasserie à l'angle de l'avenue Gambetta et s'est installée à une table près de la fenêtre, pour la lumière.

– J'ai très envie d'un verre de blanc, elle a dit en parcourant la carte. Tu me suis ?

– Ouh là, non merci. Pas d'alcool ce midi.

– Toujours musulmane ?

– Arrête, maman. La religion, c'est pas un jean que j'enfile en me levant, j'en change pas comme ça.

– Non mais comme tu as déjà changé une fois, je demande.

– Je boirais bien un verre avec toi mais c'est une grosse journée, j'ai toute la famille de Jalil à la maison.

– Tu fais comme tu veux.

Elle a minaudé devant le serveur, barbu, la vingtaine, des cheveux un peu trop gras pour moi, en lui commandant un verre de bourgogne et deux entrées en guise de plat, des poireaux vinaigrette et un poisson mariné, du lieu noir. Elle a pris une longue rasade de vin, puis elle a posé ses coudes sur la table, a chassé l'image de cette tombe mal nommée et a demandé comment allait Marco. Deux semaines plus tôt, elle avait eu la riche idée de lui donner 500 euros qu'il s'était empressé de claquer dans des fringues de marque et des pochons d'herbe, alors je l'avais mise au courant, pour l'IP.

– Il va mal. Il patauge. Il vit au jour le jour. Il ment tout le temps. Il sait que je vais m'en rendre compte mais il pense à l'effet immédiat, à savoir qu'il aura la paix pendant une heure avant de se faire pincer. Ce qui vient après, les engueulades, les sanctions, il s'en fout.

– Pourquoi il est comme ça?

– Je sais pas. Maman, je te jure, là je donne le change, mais hier j'ai encore pleuré devant mes collègues. J'étais au Salon du Livre, elles m'ont demandé «ça va tes enfants?». J'ai pas réussi à sourire. Non, ça va pas.

– Son père, il en dit quoi?

– Ludo? Rien, comme d'habitude.

Je me suis séparée du père de Marco quand il avait 7 mois. Ludo était revenu un moment, il m'avait fait des promesses, puis j'ai découvert des messages et je suis partie pour de bon. Il travaillait à la cafétéria de la Pitié-Salpêtrière, l'hôpital, il réchauffait des surgelés et racontait aux filles qu'il était médecin. Il allait avoir 48 ans, il vivait chez son père et ne voyait Marco qu'une fois de temps en temps, pour son anniversaire ou un match du PSG, ce qui concrètement voulait dire que Marco avait une relation plus suivie avec le concierge de notre immeuble. Quand le lycée lui a envoyé le bulletin de notes, ça ne l'a pas empêché de me balancer au visage: «T'as bac+5 et regarde ce que ça donne, regarde le niveau de ton fils.»

Il devait être 15 heures quand on a quitté le restaurant. On s'est embrassées sur le trottoir et ma mère m'a souhaité bon courage. Elle avait besoin de marcher. Je l'ai regardée s'éloigner. Elle tenait le choc. Je me demandais si elle avait aimé Dominique.

Je suis descendue dans le métro, et sur le quai je me suis rappelé que j'avais promis aux cinquièmes de leur rendre leurs contrôles. J'avais déjà une semaine de retard. J'ai fait un saut au collège pour récupérer les copies qui dormaient dans mon casier, et en passant devant la salle des profs, je me suis étonnée d'y entendre des voix. Je suis entrée. Ça sentait le fromage fondu. Sur la grande table ovale, des restes de pizzas séchaient dans leurs cartons. Les collègues de SVT discutaient dans les canapés en sirotant un café, et je me suis souvenue qu'ils tenaient ce matin-là une réunion à propos du voyage à Chamonix. Dans le cadre d'un cycle « Comprendre les enjeux du réchauffement climatique », ils emmenaient les élèves mesurer ce qui restait de la mer de Glace. Jérôme, un jeune prof qui attendait depuis deux ans une mutation pour rejoindre sa femme, institutrice en Normandie, racontait son inspection de la veille.

– Je ne savais pas sur qui j'allais tomber, alors dans le doute, au réveil j'ai repassé une chemise, je me suis brossé les dents, un peu de parfum derrière les oreilles… Pas de chance : une vieille peau, 65 ans sous le capot. Je pensais qu'elle allait attaquer sa journée en torturant un collègue, mais non, 8 heures pétantes, je la vois débouler dans ma classe. Le vendredi à 8 heures, faut savoir que j'ai les sixièmes B. Donc Enzo, Zakaria, Ibrahima, Ethan, toute la clique.

– T'avais prévu quelque chose ? j'ai demandé.

– Ah Jessie, il s'est exclamé en souriant, je t'avais pas vue ! Alors attends, oui, pour que ce soit un peu ludique, j'avais apporté des maquettes. On travaille sur la biodiversité donc ils devaient trier les animaux par espèces : vertébrés, invertébrés, mammifères, ovipares. J'avais à peine distribué les maquettes qu'Ethan slalomait entre les paillasses avec la chauve-souris en plastique.

– L'inspectrice, elle était à ton bureau ? a demandé une collègue.

– Non, elle s'était mise au fond, pour la vue d'ensemble. Je la voyais qui grattait sur son cahier. Je me disais : C'est foutu, elle va te mettre 3 sur 20, tu peux te coller ta mutation derrière l'oreille… Et je pense que ça lui était insupportable de voir Ethan se jeter comme ça sur ses camarades, parce qu'elle a fini par hurler : « Maintenant tu écoutes ton professeur et tu vas t'asseoir ! » Ça a fonctionné, il s'est arrêté. Pendant une seconde, il a vraiment eu l'air de se demander qui était cette femme. Il l'observait, sa chauve-souris dans les mains. Elle a semblé un peu gênée, alors pour reprendre le dessus, elle lui a lancé : « Obtempère ! » Et alors là, messieurs-dames, je m'arrête pour que vous preniez la mesure de ce qui s'est passé et que vous me reconnaissiez à ma juste valeur, ni plus ni moins que la victime de la plus grande catastrophe de l'histoire des inspections académiques. Mon petit Ethan, face à cette adulte qui lui crie « Obtempère ! », je le vois qui fronce les sourcils et qui lui rétorque : « Eh bien toi, nique ta mère ! »

Une collègue en a recraché son café par le nez. Imperturbable, Jérôme a poursuivi sur nos rires en expliquant qu'après avoir conduit Ethan chez la CPE, il s'était pris un sermon de l'inspectrice. « Ils ont à peine 11 ans et ils vous débordent déjà. Comment allez-vous faire devant des premières ou des terminales ? », elle avait demandé, et il avait opiné du chef en silence, se disant qu'il n'y avait rien à sauver. L'heure tournait mais ça me faisait du bien de rire un peu avec eux, alors je me suis servi un fond de café et j'ai pris place sur le canapé. Je m'en voulais d'avoir snobé leur voyage. Ils avaient fait l'aumône pendant des mois pour trouver des adultes qui voulaient bien les accompagner, et maintenant c'était trop tard. Ils partaient dans une semaine.

En arrivant à la maison, j'ai trouvé mon beau-père qui fumait à la fenêtre et ma belle-sœur assise dans l'entrée, son manteau sur le dos. J'avais promis de l'emmener faire les magasins. Mon idée, c'était de se balader dans Paris, remonter tranquillement la rue de Rivoli et manger une glace au Louvre ou dans le jardin des Tuileries, mais Leila avait vérifié sur son portable et les bons endroits n'étaient pas dans la capitale. Il fallait viser les centres commerciaux de banlieue pour avoir une chance de dénicher un Primark. Ça n'existait pas en Tunisie, Primark, et je la soupçonne aujourd'hui d'avoir organisé ce voyage exclusivement pour y mettre les pieds. Jalil m'avait prévenue : « Elle n'a pas de vices ma sœur, elle ne boit pas, elle ne fume pas, mais sa drogue, c'est le shopping. » J'ai quand même été surprise. Elle avait jeté son manteau sur mon bras et, depuis la cabine, m'envoyait dans les rayons lui chercher du 36. Son père portait les sacs. Je le revois maronner sous un miroir : « Qu'est-ce qu'elle fait ? Mais qu'est-ce qu'elle fait ? J'en peux plus, je me demande bien pourquoi je suis là ! » Je pensais : On sait très bien pourquoi tu es là, Farid, pour payer quand ce cirque sera terminé. Comme prévu,

Leila a fini par s'écarter pour lui ouvrir le chemin jusqu'à la caisse, et il a réglé la note sans broncher. Ça m'a fait l'effet d'une chorégraphie répétée un tel nombre de fois qu'ils n'avaient plus besoin de se parler pour la réaliser. Sur le retour, j'ai allumé la radio, Nova passait un titre que j'aimais beaucoup, «To Zion», de Lauryn Hill et Carlos Santana. J'ai augmenté le volume pour couvrir les moteurs du périphérique, mais Leila m'a fait signe de baisser, elle avait un coup de fil à passer. Je me suis exécutée. J'étais devenue son employée. La veille, après le Salon du Livre, je lui avais proposé de se retrouver à Montmartre pour visiter le Sacré-Cœur. J'avais potassé l'histoire de la Commune de Paris pour lui donner un peu le contexte, ne pas la laisser comme une inculte devant un bâtiment controversé. Elle hochait la tête mais je voyais qu'elle s'en foutait. Je l'avais invitée à déjeuner, elle n'avait pas dit merci. Elle devait estimer que tout était normal, que c'était mon devoir puisque nous n'étions que deux et que ça n'allait quand même pas être elle, l'invitée, qui allait se plier à une telle vulgarité.

J'étais dans mes pensées, à me demander comment une mère de famille de 37 ans pouvait se complaire dans ce cliché de la princesse pourrie gâtée, quand j'ai ralenti dans ma rue. Nora me faisait coucou depuis le balcon. Elle avait passé la journée chez Lou, une copine d'école, à jouer au cheval. C'était leur truc, elles se prenaient pour des chevaux. Elles couraient en poussant des hennissements, elles imitaient la marche au pas, le galop, le saut d'obstacle. Parfois l'une d'elles acceptait de jouer la cavalière et passait le licol à sa jument ou lui brossait la crinière, mais le meilleur rôle restait celui du cheval, et la plupart du temps elles galopaient ensemble d'un bout à l'autre de l'appartement en faisant semblant de brouter de l'herbe ou de refuser d'avancer. C'était un jeu étrange à observer mais il avait l'avantage d'être sans fin. Elles ne s'arrêtaient que pour reprendre leur souffle ou parce que l'heure du goûter avait sonné.

J'ai croisé la mère de Lou dans l'entrée. Je lui ai proposé de boire un thé mais elle était pressée, des amis venaient dîner. Leila faisait des essayages dans notre chambre et Nora jouait dans la sienne quand Jalil est arrivé. J'étais à quatre pattes sur le carrelage de la salle de bains, à trier le blanc des couleurs dans le panier à linge.

– Bah, t'y es pas allée finalement? il a fait, et sur le moment je n'ai pas compris de quoi il parlait. Tu m'as pas dit que t'allais chez le coiffeur?

– J'y suis allée, j'ai dit en me recoiffant. Chez Mehdi, ce matin, à 11 heures.

– Bah, il a rien coupé.

– Tu rigoles? Tu vois pas la différence?

Il s'est repris en disant que j'étais magnifique et m'a embrassée du bout des lèvres, avant de demander à son père qui clopait toujours dans la cuisine s'il voulait une bière. Ce n'était pas son style, Jalil ne buvait jamais en rentrant du travail, même après une grosse journée. Il était déménageur, ça faisait trois mois. Il avait déposé des centaines de CV et s'était ouvert un compte Uber quand un patron l'avait rappelé. Le job consistait à vider des hôtels particuliers rachetés par des Saoudiens pour qui les fauteuils, les tapis, les tableaux, les bibelots et les maquettes de bateaux en noyer authentifiés Louis XIII n'étaient que des vieilleries qui prenaient la poussière. Tout partait à la benne.

J'ai lancé la machine et commencé à dégager l'espace autour de la table basse. J'attendais la livraison d'une penderie. Le type au téléphone m'avait confirmé qu'elle arrivait en pièces détachées, il allait falloir la monter. Jalil m'a demandé d'arrêter de m'agiter une minute.

– Je passe dire bonjour à des amis de Sfax, avec Papa. On rentre pas tard, promis. 21 heures-22 heures, max.

– Chéri, tu rentres à l'heure que tu veux, mais s'il te plaît, ne me fais pas des promesses que tu ne vas pas tenir.

Il a pris un air étonné, avant de poser sa bière sur l'étagère.

– Comment ça des promesses que je vais pas tenir ?

– Arrête, la semaine dernière tu m'as fait le même coup. T'as dit « je vais rentrer tôt » et t'es rentré à 7 heures avec de la coke plein les yeux.

Jalil s'est retourné pour vérifier ce que faisait son père. Farid n'avait rien entendu.

– Je te dis, je rentre à 22 heures au plus tard. Sur la tête de Nora.

– Sur la tête de Nora ? OK, redis-le.

J'ai pris mon téléphone et je l'ai filmé, répétant sa promesse. Là-dessus il a sifflé sa bière, enfilé la veste de sport rouge à bandes blanches qu'il aimait beaucoup et informé son père qu'ils étaient sur le départ. « Un bisou pour ton mari chéri ? », il a demandé en faisant semblant de me courir après. Il m'agaçait. J'étais soulagée qu'il s'en aille et en même temps je lui en voulais de me laisser seule avec sa sœur.

Nora avait dû grignoter des cochonneries toute la journée, elle s'est contentée d'une tomate et d'un morceau de fromage avant d'aller se coucher. Je venais d'éteindre sa veilleuse quand le livreur s'est annoncé à l'interphone. Il était désolé pour le retard, un camion s'était renversé sur l'A86. Il était accompagné d'un jeune mutique en jogging. Son tee-shirt troué à l'épaule mettait en valeur les muscles de son torse. Ils ont tenté par tous les moyens de faire entrer le carton dans l'ascenseur mais il était trop long, il fallait le monter par les escaliers. La penderie pesait une tonne, à cause des miroirs. Arrivés là-haut le visage et les bras congestionnés, ils ont accepté un verre d'eau et sont repartis illico, ils avaient encore trois clients à livrer.

J'étais claquée. Je me suis assise à table avec une mousse au chocolat, et pour la première fois de la journée, j'ai réussi à ne plus penser à rien. Je fixais les alvéoles de la mousse épousant les courbes de la petite cuillère, quand Leila m'a tirée de mon hypnose. Elle avait besoin de ma carte bleue. Elle avait repéré une montre connectée pour son fils. Son compte était bloqué à l'étranger. Il y en avait pour 150 euros. Je n'avais pas la force de lui demander si c'était urgent ni comment elle comptait me rembourser, je me suis mise en quête de mon portefeuille avant de réaliser qu'il était resté dans la voiture. Jalil avait la voiture.

– Ma chérie, comment ça va ?

Le brouhaha du bar l'obligeait à forcer la voix. Il avait bu, je le percevais.

– Ça va. Dis-moi, est-ce que tu peux regarder dans la voiture ? J'ai laissé mon sac à l'avant. Dans mon portefeuille, il y a ma carte bleue. Tu peux la prendre en photo ? J'ai besoin des chiffres qui sont dessus.

Il a demandé en arabe qu'on baisse la musique, il était au téléphone avec sa femme. Je ne comprenais pas ce que disaient les mecs autour mais ils avaient l'air de se moquer de lui. Est-ce qu'il n'avait pas honte d'être mis au pas de la sorte par sa nana ? Jalil m'a répété, cette fois pour amuser les copains, qu'il n'allait pas rentrer tard, il promettait.

– Mais, chéri, tu peux rentrer à l'heure que tu veux, juste envoie-moi une photo de la carte bleue.

Il a raccroché.

– Il est bourré, on est d'accord ? j'ai dit à sa sœur.

Leila a acquiescé en souriant. J'ai rappelé et il m'a rejoué le sketch du mec sur le départ.

– J'arrive, mon amour, je suis juste à côté.

– Jalil, écoute-moi, c'est pas ce que je te demande. Envoie-moi une photo de la carte, s'il te plaît, c'est pour Leila, elle en a besoin.

– Ça y est, je suis dans la voiture, je suis en bas.

Il est arrivé une heure plus tard. Bien sûr, si c'était à refaire je me contenterais de tirer la tronche, de me brosser les dents et de me mettre au lit, mais il était 22 h 40 et il avait promis, vidéo à l'appui, qu'il serait à la maison pour 22 heures.

– Il est pas tard, il a dit en remplissant un verre d'eau au-dessus de l'évier.

J'ai pris sa sœur à témoin.

– Leila, il avait dit quoi ? « Sur la tête de Nora. » Heureusement que j'ai pas parié, hein ?

C'était dit sur le ton de la blague mais Jalil a pris la remarque au sérieux. Il a bégayé à cause de l'alcool, ce qui a eu pour effet d'attiser sa frustration.

– T'es jamais contente. Je fais… je fais tout pour être à la hauteur et t'es jamais contente. Tu vas chipoter pour quarante minutes ?

– Tu fais des promesses que tu ne tiens pas. Arrête de promettre !

Il a juré dans sa barbe. Son père qui fumait sur le balcon a ouvert la porte-fenêtre et lui a lancé une phrase en arabe que j'ai comprise comme un conseil, genre « laisse couler », « laisse-la parler », quelque chose comme ça. J'avais là encore une occasion de permettre à la discussion de s'enliser, mais je suis orgueilleuse et je n'arrive pas à m'écraser, surtout quand j'ai raison. Jalil se resservait en eau quand je lui ai demandé s'il avait pris de la drogue.

– T'es pas dans ton état normal.

Il a fait volte-face.

– De la drogue ? Mais pour qui tu me prends ?

– Jalil, ça va, je te connais. Je te connais peut-être même mieux que tu ne te connais toi-même.

S'il y a bien quelque chose qu'on ne peut pas faire, dans la vie, c'est rattraper les mots une fois qu'ils sont sortis. Farid a écrasé son mégot dans le cendrier, sur le rebord de la fenêtre, et d'une voix gelée m'a lancé :

– Tu ne connais pas mon fils.

C'était donc ça. Je n'appartenais pas à leur famille. Je n'étais pas des leurs. J'ai planté mes yeux dans les siens, fixé son visage enlaidi par la colère. Farid avait été beau garçon, avant de se ratatiner et devenir cette boule de nerfs et de nicotine. Une photo, accrochée dans leur cuisine, le prouvait. Sur le quai d'un port, un adolescent au corps fin et aux cheveux brillants, vêtu seulement d'un slip de bain, plissait les yeux à contre-jour. Projetée sur le sol, l'ombre du photographe s'allongeait à la rencontre du jeune garçon. Farid avait 18 ans.

– Pardon ?

– J'étais avec lui. Il ne prend pas de drogue.

– Ah, il ne prend pas de drogue ? La semaine dernière avec Isma ils en ont pris toute la nuit. Et l'été dernier à Sousse, on a pris de l'ecstasy, non ? Vous, votre femme, Jalil, moi, tout le monde. Ce n'est pas de la drogue, l'ecstasy ?

On fêtait l'anniversaire de ma belle-mère au restaurant. Après le dessert, Jalil avait proposé d'étirer la soirée. Il avait envie de danser. Ça faisait des années que je n'avais pas mis les pieds en boîte. La file d'attente était pleine de gamines trop maquillées. Pour dissiper la flemme qui commençait à nous gagner, Jalil avait distribué à chacun le quart d'un cachet bleu turquoise. J'avais fait circuler une petite bouteille d'eau pour qu'on l'avale en même temps. La montée m'avait donné envie d'en reprendre. Ça avait été une bonne soirée.

Jalil m'a poussée sur le balcon pour m'éloigner de son père qui hurlait dans la cuisine. « Si vous réveillez Nora je vous jure que c'est vous qui allez la rendormir ! », j'ai dit, et c'était comme jeter un bouchon d'essence dans les flammes. Jalil m'a intimé de la fermer. Sa sœur, qui refusait de rester dans l'ombre avec ses cheveux bouclés, a tenu à me dire que pour son père, l'ecstasy n'était pas une drogue.

– C'est quoi, si c'est pas une drogue ? Un bonbon ? Et pourquoi il en prend si c'est pas une drogue ?

Il fallait que je quitte cette pièce. J'ai ouvert la porte. Jalil a crié :

– Si tu sors, je ferme à clé !

– Pardon ? C'est chez moi ici, c'est moi qui paye toutes les factures. Tu veux que je te rappelle tous les sous que tu me dois ? Y en a pour 4000 ou

5 000 euros, je compte même plus. Attention parce que si tu me parles sur ce ton dans cinq minutes c'est moi qui mets tout le monde dehors.

– Calme-toi…

– Attends, ça va… Je me plie en quatre, j'achète des matelas, des tickets de métro, je les accompagne à gauche à droite, je fais tout pour leur faciliter le voyage et c'est comme ça qu'on me remercie, mais ça va pas ou quoi ?

– Arrête de crier.

Jalil a franchi le palier, claqué la porte d'entrée et appelé l'ascenseur. L'idée de me retrouver collée à lui dans une boîte en fer m'a poussée dans les escaliers. La rue était déserte. L'air encore chaud. J'ai levé les yeux vers les étages allumés. Je ne pouvais pas m'empêcher d'imaginer les voisins derrière leurs rideaux, la télé en sourdine pour mieux nous entendre hurler. Jalil a donné un coup de pied dans une canette de 7 Up écrasée.

– Toute la soirée, les mecs m'ont dit « allez reste un peu, on discute, il est pas tard ». Et j'ai dit « non, on rentre ». À cause de toi.

– À cause de moi ? Alors que j'ai rien demandé ? Et tu me fais passer pour la méchante, la rabat-joie ?

– Non, mais tu t'entends ? On dirait une folle.

– De toute façon, ça sert à rien de parler avec des mecs bourrés.

– Il a pas bu mon père, à peine trois bières.

– T'as vu comment il me parle ? Il a un problème avec les femmes, ton père.

Je me suis assise sur le trottoir, chevilles croisées, et j'ai calé mes mains entre mes cuisses pour les empêcher de trembler. Jalil s'est accroupi à un mètre devant moi.

– Chérie…

Il cherchait mon regard.

– Laisse-moi.

– C'est dingue, on peut plus te parler. T'es totalitaire. Tu veux toutes les places, dans cette maison.

– Mais j'ai toutes les places. Je suis mère, enseignante, épouse, maîtresse de maison. J'ai toutes les places.

Il a soupiré.

– Putain…

Il a fait quelques pas et a shooté dans la canette une seconde fois. Il y a eu un silence ensuite, et mon esprit s'est intéressé à cette canette. Je me demandais qui l'avait bue, si elle était là depuis longtemps et combien de temps il faudrait à la nature pour l'absorber totalement.

– Je veux divorcer.

Je n'étais pas sûre d'avoir entendu.

– Jessie, il n'y a plus que la loi devant nous. Je veux divorcer.

Je suis à peu près certaine que mon téléphone n'a pas sonné pile à ce moment-là. Il a dû s'écouler cinq minutes, au cours desquelles j'ai tenté de savoir si Jalil était sérieux ou s'il se faisait le porte-parole de l'alcool et de la colère. J'avoue ne pas me souvenir de ces échanges. Je sais que je n'ai pas pleuré, pas crié non plus, et qu'à un moment ma poche arrière a vibré. J'ai lu « Marco » sur l'écran, j'ai vu qu'il était 23 h 44, et j'ai décroché.

– Maman, t'as la voiture ? Tu peux venir ?

Jalil a demandé ce qui se passait. J'ai répondu que je n'en savais rien et c'était vrai, Marco s'était contenté de m'envoyer une adresse dans le 19e. Rue Botzaris. J'avais un mauvais pressentiment. Il était arrivé quelque chose de grave. Je suis remontée en courant dans les escaliers. J'ai récupéré les clés du Nissan sur le petit meuble de l'entrée, et j'ai croisé le regard de Farid, assis dans sa cuisine enfumée. J'ai refermé, j'ai couru dans l'autre sens et j'ai dépassé Jalil, toujours planté au milieu de la chaussée, qui a insisté pour savoir ce que je foutais. J'ai dit que j'allais chercher Marco, je n'en avais pas pour longtemps. Il a demandé si j'étais sérieuse.

– Ton fils fait le mort pendant trois jours, il réapparaît au milieu de la nuit, il demande un chauffeur et toi, bon soldat, au garde-à-vous, t'obéis.

Je n'ai pas répondu. J'ai trouvé la voiture à sa place, j'ai démarré et Tracy Chapman s'est mise à hurler. C'était « Why ? », une vieille chanson que Jalil aimait chanter très fort en massacrant les paroles. Ça m'a paru étrange qu'il ait chanté ça avec son père sur le siège passager mais je n'ai pas cherché à comprendre, j'ai éteint le lecteur et je me suis engagée dans la rue des Pyrénées. Il s'était passé quelque chose. Une bagarre. Un accident de voiture. Une overdose. Onze minutes plus tard, le GPS m'annonçait que j'étais arrivée à destination. J'ai reconnu la résidence de Mathias, un gamin que j'avais eu dans ma classe de troisième, le fils unique d'un couple de producteurs pour la télévision qui passaient leur vie au restaurant, au cinéma, en voyage, à des dîners et des soirées qui étaient autant d'excuses pour ne pas voir que leur fils s'enfonçait dans une dépression amortie par l'alcool et les antidouleurs. Mathias avait échoué à décrocher le brevet, ce qui avait été interprété par ses parents comme une faute grave de l'établissement. L'école publique n'ayant plus rien à leur offrir, ils avaient ignoré nos avis défavorables au passage en seconde et signé un chèque à une boîte privée qui devait garantir un diplôme à leur fils et mettre fin au calvaire que représentait son parcours scolaire. J'avais espéré qu'il coupe les ponts avec Marco mais la distance ne les avait pas empêchés de se voir, et ils continuaient de s'entraîner mutuellement vers le fond.

Je connaissais l'appartement, un duplex avec toit-terrasse offrant une vue plongeante sur le parc des Buttes-Chaumont. Un couple, la vingtaine, attendait devant l'immeuble. La fille tirait sur une cigarette électronique en forme de clé USB, l'écran de son téléphone éclairant son visage d'une lueur spectrale. Le garçon a renversé la tête en arrière pour terminer sa bière, tandis qu'un scooter ralentissait à leur hauteur. Il a posé la bouteille vide sur le rebord d'une fenêtre du rez-de-chaussée, avant de venir à sa rencontre. La fille a sorti des billets de sa poche et les a tendus au conducteur, qui lui a rendu quelque chose avant de disparaître à l'angle de la rue de Crimée. La fille a porté son téléphone à l'oreille, a juré et s'est mise à hurler « Emma ! Emma ! » en direction de la terrasse d'où résonnaient les basses de « Hypnotize », Notorious B.I.G. En retour, une fille s'est penchée pour lui crier le code. J'ai pressé le pas pour les suivre à l'intérieur et leur ai fait comprendre d'un signe de tête qu'on allait tous les trois au même endroit. Dans l'ascenseur, j'ai demandé s'ils connaissaient Marco. Le prénom ne leur disait rien. « En même temps, y a du peuple là-haut, on connaît pas tout le monde », a dit le garçon en souriant, et sous la lumière crue du plafonnier j'ai compris que la fille était déchirée. La coke devait servir à la faire redescendre. Un grand type avec une casquette de base-ball nous a ouvert. Je les ai abandonnés dans l'entrée et j'ai fendu la foule pour rejoindre le salon. C'était une vaste pièce meublée de canapés qu'on avait poussés contre les murs. Une fille en minijupe écossaise faisait le tour des invités en vidant le contenu d'une bouteille de champagne. Un type s'est plaint de la mousse qui débordait de sa coupe en plastique. J'ai tenté à nouveau de joindre

Marco mais il ne répondait plus, alors j'ai ouvert la première porte qui s'est présentée et je me suis retrouvée face à deux garçons qui s'embrassaient. J'ai refermé sans prendre le temps de m'excuser et je suis entrée dans la pièce d'en face, un bureau encombré par un nombre impressionnant de vestes et de manteaux qui s'entassaient sur ce que j'imaginais être une méridienne. Des livres d'art s'alignaient impeccablement dans une bibliothèque devant laquelle étaient assis trois jeunes qui discutaient à voix basse, comme des enfants sages dans une cour de récréation. J'ai évité la queue devant les toilettes et je suis montée à l'étage. Des bouteilles de Schweppes et de Gordon's recouvraient la table à manger. Une grande quantité d'alcool avait été renversée, le parquet mordait aux semelles. En dehors d'un petit groupe collé aux enceintes, tout le monde dansait sur la terrasse. « Get Ur Freak On », Missy Elliott. Je me suis demandé quel âge avait le DJ, puis j'ai reconnu Mathias, affalé dans un transat, à l'écart du monde. Deux garçons lui faisaient face mais ils ne ressemblaient pas à mon fils alors j'ai traversé le salon dans l'autre sens et je suis descendue à la cuisine, où la musique paraissait moins forte. Un nuage de fumée s'était accumulé sous le plafond, formant un brouillard grisâtre au-dessus des invités. J'ai reconnu un autre élève que j'avais eu l'an dernier, Kayden, un sportif, un volleyeur qui bénéficiait d'horaires aménagés. Une fille a passé un bras autour de son cou et bu une gorgée dans son verre. Elle a ri en le traitant de « petite chose fragile », et sans lui demander son avis, a saisi la bouteille d'Absolut au centre de la table et allongé son cocktail d'une rasade de vodka. Kayden n'a pas protesté. Il a porté le verre à ses lèvres et bu une gorgée exagérément longue, pour montrer aux autres qu'il était un homme. Je l'avais entendu jurer qu'il ne boirait jamais d'alcool, ça abîmait les tendons et ses genoux étaient trop précieux pour les empoisonner. Il m'a reconnue et il y a eu un malaise, le temps pour lui de se demander si j'étais bien celle qu'il pensait que j'étais, la professeure de mathématiques du collège-lycée Hélène-Boucher. Je l'ai laissé avec ses questions, je suis ressortie, j'ai poussé une porte dans le couloir et je suis tombée sur mon fils, assis sur le rebord d'une baignoire, sa copine blottie contre sa poitrine. Marco a paru surpris.

– Qu'est-ce qu'elle a ? j'ai demandé.

Il portait le jean avec lequel il s'était rendu au lycée trois jours plus tôt, et la paire de Nike défoncées que j'essayais de jeter à la poubelle depuis des semaines.

– Rien, elle dort.

– Qu'est-ce qui se passe?

– Rien je te dis. T'as la voiture? On peut y aller?

Il s'est penché pour déposer un baiser sur le front de sa copine, et lui a murmuré de se réveiller. Elle a lentement ouvert les yeux, a jeté un regard étonné à la pièce, comme si elle s'attendait à un tout autre décor, et sans noter ma présence, elle s'est levée. Elle portait une jupe courte à fleurs et des chaussettes d'un blanc éclatant, qui accentuaient son look de lycéenne. Avant de sortir, j'ai réalisé que nous étions dans la salle de bains des parents, elle donnait sur la chambre et communiquait avec un dressing accessible de chaque côté du lit. J'ai ouvert la porte, vérifié que les enfants suivaient, et j'ai tracé droit devant pour nous frayer un chemin à travers le bruit.

Quand j'ai retrouvé le Nissan, un type était adossé contre le capot. Propre sur lui, pantalon de costume et Paraboot. Il attendait son Uber.

– Ça va, je vous dérange pas ?

Il a sursauté comme s'il avait pris un coup de fourchette.

– Désolé, je savais pas.

Il s'est éloigné en sautillant et a fait mine de recevoir un message pour se donner une contenance. J'ai pris place au volant. Les jeunes montaient à l'arrière.

– Vous me dites ce qui s'est passé ? j'ai demandé en ajustant l'angle du rétroviseur. Pourquoi je suis là ?

– Roule, steuplait. Ramène-nous à la maison, a répondu Marco.

– Y a toute la famille de Jalil à la maison.

Il a soufflé. Je lui ai dit de boucler sa ceinture sinon on allait se taper l'alarme. Sa copine s'est attachée et rendormie aussitôt. J'ai démarré. Je ne savais pas où aller. Inconsciemment, j'ai repris la rue des Pyrénées, et je me suis dirigée vers la maison. La place des Rigoles était déserte. J'ai pensé à ce qu'elle était encore il n'y a pas si longtemps, un distributeur de shit à ciel ouvert. Les flics se montraient moins, maintenant que les Naturalia poussaient dans la nuit et que les studios partaient pour 200 000 euros.

– On peut s'arrêter ? a lancé la copine de Marco.

Je n'ai pas eu le temps de réagir qu'elle ouvrait sa portière et vomissait sur la chaussée.

– Merde. Jade, ça va ?

J'ai pilé. Elle s'est détachée et a titubé jusqu'à un vieux vélo, accroché par le cadre à un poteau. Elle s'est aidée du guidon pour garder l'équilibre et a vomi de nouveau. J'ai allumé les warnings.

– Elle a trop bu, a murmuré Marco en descendant de voiture.

– Arrête, putain ! a crié sa copine. Arrête de parler !

Une crise de spasmes l'a secouée et elle s'est repliée en deux. Je suis retournée à la voiture pour lui trouver du sopalin ou un rouleau de PQ. J'ai trouvé un paquet de mouchoirs à la chlorophylle au fond de ma portière. Je lui ai tendu, elle s'est essuyée la bouche et a retrouvé sa place sur la banquette arrière. Un peu plus loin, rue de Ménilmontant, le feu est passé au rouge et j'ai vu dans le miroir que Jade pleurait, le front contre la vitre. Marco a cherché à lui prendre la main. Elle s'est dérobée. Il s'est mordu la lèvre, a détourné le regard et lancé :

– Vert.

– Jade, ils habitent où tes parents ? j'ai demandé en passant la première.

– Ramène-nous à la maison, a coupé Marco.

– J'irai pas à la maison, j'ai dit en serrant le frein à main. J'irai nulle part tant que vous ne m'aurez pas raconté ce qui s'est passé.

– Mais tu fais chier ! il a crié. Je te demande qu'une chose ! Une seule putain de chose et même ça t'en es pas capable ? Viens, Jade, on y va.

Il a ouvert la portière. Sa copine a refusé de bouger. Un scooter nous a frôlés en sifflant. Marco l'a traité de fils de pute et le feu est revenu au rouge.

– Jade.

– Tu veux aller où ? elle a gémi.

– Viens, on marche. C'est pas loin.

Elle semblait exténuée. Incapable de bouger. Une vieille BM a ralenti derrière nous et éclairé Marco de ses phares jaunes. « Putain... », il a juré, avant de remonter.

– Jade, ça fait combien de temps que t'as pas vu tes parents ? j'ai demandé en cherchant son regard.

Elle s'est redressée, s'est épongé les yeux avec le mouchoir, et a murmuré :

– Saint-Mandé.

– Pardon ?
– J'habite à Saint-Mandé.
J'ai descendu la rue des Pyrénées. Il y avait la queue devant le Buffet Dost, le kebab de la rue d'Avron. J'aurais pu tourner à droite, m'enfoncer dans le garage et les faire dormir à la maison, mais à cause de Jalil, de son père, de sa sœur, et du fossé qui se creusait sur la banquette arrière, j'ai préféré continuer sur le cours de Vincennes, passer devant le lycée, manquer de renverser deux filles qui traversaient le carrefour en trottinette, enjamber le périphérique et découvrir que le panneau SAINT-MANDÉ se réfléchissait dans les phares du Nissan.
– Jade, tu peux me guider ?
Elle m'a indiqué la rue Massue, que je connaissais pour avoir raccompagné une surveillante qui y vivait avec sa copine, au-dessus d'une boulangerie.
– C'est ici, elle a dit.
Un scooter était couché devant l'entrée. C'était un immeuble récent, le numéro 42 posé au-dessus d'une porte vitrée. J'ai serré le frein à main et le silence a repris ses droits. Jade semblait attendre un geste, une phrase, mais Marco était trop fier pour parler, alors elle a ramassé le téléphone tombé

à ses pieds, m'a remerciée pour le trajet et a claqué la portière. Elle habitait au rez-de-chaussée, je l'ai compris en voyant un appartement s'allumer après qu'elle a traversé le sas des boîtes aux lettres. J'apprendrais plus tard qu'elle avait quatre frères, que son père était mort écrasé par un escalier sur un chantier et que sa mère avait du mal à s'en remettre.

Je me suis tournée vers Marco. Il pleurait, le visage enfoui dans ses mains.

– Me regarde pas.

– Marco…

– Roule, je te dis. Me regarde pas.

Il reniflait tout ce qu'il pouvait.

– Y a pas de honte à pleurer devant moi, j'ai dit. Je suis ta mère.

– Démarre. S'il te plaît. Démarre.

Il a levé ses yeux pleins de larmes pour vérifier l'appartement du rez-de-chaussée. Quelqu'un avait éteint la lumière. J'ai fait demi-tour, on s'est retrouvés à l'arrêt à cause du feu de l'avenue de Paris, et je lui ai demandé à nouveau ce qui s'était passé. J'ai ignoré le feu vert, je suis restée là, au point mort, cherchant son regard dans le miroir. Il a louvoyé un instant mais il n'avait nulle part où aller et j'étais déterminée, alors il s'est effondré, d'un coup, comme un barrage qui cède en montagne. Je l'ai laissé craquer, le temps que ça revienne au rouge.

– Je savais pas quoi faire, il a fini par dire.

Il s'est essuyé les yeux, le nez, la bouche, avec la manche de son pull.

– Je t'ai appelée parce que je savais pas quoi faire, il a répété.

– Tu savais pas quoi faire de quoi ?

Ça continuait de couler.

– Marco, tu peux me parler. Qu'est-ce qui te met dans cet état ?

– Je peux pas, il marmonnait, mais comme je refusais de bouger et que le feu repassait au rouge, puis au vert, il a fini par le dire.

Le mot est sorti trop vite. C'était un mot interdit. Un mot que je m'étais appliquée à ne plus prononcer. Je lui ai demandé de répéter.

– Je l'ai violée. Jade.

J'ai manqué une respiration. Elles revenaient. Les mains sur ma gorge.

J'avais deviné que ça la concernait, évidemment que ça la concernait, mais je pensais à des reproches qui avaient pris de l'ampleur, une gifle peut-être, de la jalousie, une brouille d'adolescents.

– Où ? Quand ça ? j'ai dit d'une voix étrange.

– Là, chez Mathias.

Le feu est repassé au vert. J'ai enclenché la première et je me suis rangée sur une place livraison.

– Attends. Je comprends pas.

Il pleurait toujours. Pour la première fois depuis longtemps, je voyais qu'il avait 15 ans.

– Roule, steuplait.

– Non, je roule pas, non, hors de question.

– Mais… Mais c'est pas ce que tu crois, il a bégayé.

– Je crois rien du tout. Je veux la vérité.

– Laisse-moi parler alors ! il a hurlé. Elle… Elle avait bu.

Il s'est redressé et a chassé les larmes qui lui floutaient la vue.

– Elle arrêtait pas de tomber. Elle se donnait en spectacle. Je lui ai dit d'aller se reposer dans cette chambre, là, avec la salle de bains.

– Et quoi ? Il s'est passé quoi dans cette salle de bains ?

– Rien. Il s'est rien passé. Je suis venu voir si ça allait. Elle dormait. Je me suis allongé à côté.

Elle m'a dit qu'elle avait ses règles. Je savais qu'elle mentait.

– Et…

– Je t'ai dit.

– Non, tu ne m'as rien dit du tout. Précisément. Qu'est-ce que tu as fait ?

– Qu'est-ce que j'ai fait ? Qu'est-ce que j'ai fait ? Mais tu sais très bien ce que j'ai fait ! J'ai essayé, j'ai insisté, j'ai forcé, je suis venu. C'est ça que tu veux ?

Une vague l'a ravalé. Je suis restée un moment à observer ses mains qui faisaient l'essuie-glace devant son visage déformé par la honte. Je me suis retournée, j'ai redémarré, j'ai pris à gauche, et je me suis remise à rouler. La croix verte de la pharmacie clignotait 1 h 37. Le silence s'étirait. J'essayais de penser. J'essayais de comprendre ce que mon fils venait de m'avouer. J'ai continué droit devant moi et j'ai atteint le château de Vincennes. J'ai suivi les panneaux qui indiquaient l'hippodrome, j'ai reconnu les courts de tennis, vert et rose, où son père m'avait traînée avec une idée précise de ce qu'il devait mettre en place pour m'apprendre le revers à deux mains. Il était en phase de reconquête, après m'avoir avoué qu'il m'avait trompée « trois ou quatre fois», ce qui voulait dire trente ou quarante. J'ai baissé ma vitre, j'ai accéléré et je me suis enfoncée dans la forêt.

Je regardais la route, au loin, derrière le pare-brise, et je sentais le vide qui me creusait le ventre. Je pensais: C'est un crime, de violer quelqu'un, et pour un crime on encourt trente ans de prison. J'aurais voulu chasser cette image mais je me voyais au deuxième rang d'une cour d'assises, derrière mon fils et son avocate, une jeune femme brillante, convaincue que même les pires des salauds ont le droit d'être défendus. Elle porte de fines lunettes à monture carrée qu'elle enlèvera pour plaider. Marco, lui, a enfilé une chemise blanche pour l'innocence et un blazer pour le sérieux. À l'invitation du juge, il s'avancera vers la barre et s'y cramponnera comme s'il menaçait de tomber dans le vide. Il minimisera, car c'est toujours ce que font les gens qui ont commis des actes honteux. Ils minimisent. Ils disent qu'ils regrettent mais au fond ce n'était pas seulement leur faute, elle aussi y a mis du sien, ils n'iraient pas jusqu'à prétendre que les torts sont partagés, mais tout de même, s'ils en sont là aujourd'hui, c'est bien parce qu'ils étaient deux. Puis j'ai réalisé que Marco passerait devant un juge pour enfants, et ça m'a rassurée. Il n'avait que 15 ans. Il voulait se faire émanciper mais il n'avait que 15 ans. Notre dernière dispute, avant qu'il ne disparaisse, reposait sur ce projet d'émancipation. J'avais refusé de signer le formulaire qui disait, en résumé, que j'étais d'accord pour abandonner mon autorité parentale. «Je m'en branle, à 16 ans je me marierai et ce sera automatique, ce sera comme si j'étais adulte et t'auras plus rien pour me maintenir dans ta vie triste, ta petite vie de prof de merde.»

– On… On va où? a bégayé Marco.

– Je ne sais pas.

La ville s'éloignait dans les rétroviseurs. La pollution conjuguée à la chaleur avait repeint la nuit en jaune. J'ai pensé que ça pouvait être le sable du Sahara qui remontait vers le nord, porté par des vents égarés. Le monde déraillait, plus rien ne m'étonnait. Alignés comme des soldats au bord du bois, les lampadaires projetaient leur halo faiblard sur le trottoir. Tous les cinquante mètres environ, on croisait une fille en minishort et talons hauts. Les plus âgées avaient les seins à l'air. Des Africaines, Ivoiriennes ou Nigérianes. Des gamines gorgées d'espoir qui étaient venues faire des études et se retrouvaient les genoux dans les feuilles mortes, à sucer des mecs à la chaîne pour rembourser la dette qu'une «amie de la famille» leur réclamait. Une jeune perchée sur des cuissardes m'a suivie du regard et, d'une pichenette, a fait gicler le mégot de sa cigarette au milieu de la chaussée. Il a rebondi et s'est arrêté un mètre devant la voiture. J'ai roulé dessus. À cet instant, un homme a surgi de la clairière. Il a vissé une casquette sur sa calvitie, a vérifié à gauche et à droite avant d'allumer une voiture garée, et il a fichu le camp. J'ai ralenti à hauteur de la place qu'il venait de libérer.

– Viens devant.

Marco m'interrogeait du regard.

– Monte à l'avant. Je suis pas taxi.

Il m'a obéi. J'ai attendu qu'il ait bouclé sa ceinture pour accélérer dans la ligne droite. On a vite atteint l'hippodrome. La blancheur des lices révélait la piste malgré l'obscurité. Je me souviens du rond-point, juste après, et de la voiture de police garée le long de la chaussée. Au volant, une femme, une brune avec une queue-de-cheval, scrollait l'écran de son téléphone. J'ai cette vision, encore aujourd'hui, associée au moment précis où je commence à raconter. C'est sorti comme ça.

– Quand j'avais ton âge, j'étais en retard avec les garçons. J'étais la bonne élève, serrée par ses parents. On habitait Aulnay, avec papy et mamie. Une cité. Mais c'était quand même une éducation à l'ancienne. Je sortais pas. J'ai eu mon bac avec mention « très bien » et j'ai pas eu le droit de le fêter. « Non. Tu restes à la maison. »

Les phrases venaient toutes seules. Robinet ouvert. J'ignorais où on allait comme ça, elles et moi, mais Marco avait réussi à se calmer. Il m'écoutait.

– La première fois que j'ai embrassé un garçon, j'avais 16 ans.

Mickaël. Un animateur de club vacances. Un petit con. Il avait froncé les sourcils pour me lire les lignes de la main près de la piscine : « Tu vas mourir à 22 ans dans un accident de voiture. Il y aura une fille avec toi, elle s'appellera Morgane. » C'était n'importe quoi, mais l'année de mes 22 ans, j'y pensais quand même. Finalement, c'est mon frère, Benoit, qui est mort au volant à 22 ans. Il n'y avait pas de Morgane dans sa voiture.

– Quand j'en ai eu 18, j'avais toujours rien fait. Ça me complexait. J'étais pas populaire au lycée, j'avais eu peu d'occasions. Mais comme je dansais tout le temps – à la maison, à l'arrêt de bus, tout le temps – je me suis inscrite à la salsa. Ma prof s'appelait Sarah. C'était une fille géniale et assez radicale, qui considérait que les cours ne valaient rien tant qu'ils n'étaient pas testés en soirée. Son club préféré était sur les Champs-Élysées : le Montecristo. Elle m'y a emmenée une première fois et ça a été un tel shoot de liberté que je suis revenue la semaine d'après, et encore celle d'après, pour finir par y aller seule, les samedis. J'avais le permis.

– Pourquoi tu me racontes ça ? il a demandé.

– Un soir, j'ai rencontré un homme là-bas. Costume, chapeau, très classe. Il m'a tendu sa carte de visite en disant qu'il était producteur de spectacles, qu'il cherchait des danseuses pour le clip d'un de ses chanteurs et que j'avais mes chances au casting. J'ai pris sa carte. Elle était noire et or, avec un embossage sur le nom. « Vincent Kiril ». J'avais toujours voulu devenir quelqu'un. Chanter, danser, c'était la seule chose que j'avais le droit de faire dans ma chambre, alors je l'ai appelé, il m'a donné rendez-vous, et pendant deux semaines j'ai bossé ma chorégraphie. Les pas, les enchaînements, je voulais que ce soit parfait. La veille, mamie m'a emmenée faire les boutiques pour me trouver quelque chose de chic. J'étais assez maigre à l'époque, je faisais plus jeune que mon âge. J'avais beaucoup hésité avant d'opter pour un tailleur-pantalon. J'avais peur de paraître prétentieuse. Dans l'ascenseur qui me conduisait vers les bureaux de la production, je me suis examinée dans le miroir. Je me trouvais belle, les yeux peut-être un peu trop fardés, mais jolie. J'ai vérifié que j'avais bien le CD sur lequel étaient gravées la chanson de ma chorégraphie, « Rebelión », de Joe Arroyo, dont j'avais accéléré légèrement le tempo pour que ce soit bien dansant, et une deuxième plus commerciale que je connaissais par cœur, « Everybody », des Backstreet Boys. Mais quand j'arrive là-haut, je suis déçue. Ce n'est pas un bureau, c'est un studio. Il n'y a pas de canapé, juste un grand lit et une kitchenette. Le producteur me fait asseoir sur le lit. Il me tend un catalogue rempli des photos et mensurations de toutes les filles qui travaillent pour lui. Une nana par page. Les photos sont protégées par des feuilles plastifiées. « Tu vois, des filles qui bossent pour moi, j'en ai plein, il me dit. Maintenant, si tu veux en faire partie, il va falloir me faire plaisir. » J'ai compris tout de suite. J'ai fermé le catalogue, je me suis levée, j'ai marché droit vers la porte d'entrée. Il m'a dépassée, il a mis un tour de clé et il a dit : « Tu vas nulle part. »

J'ai marqué une pause. Les mains sur ma gorge.

– Et après ? a demandé Marco.

– Le noir total. Je hurlais. Je pleurais. C'était ma première fois.

La forêt s'arrêtait là, révélant la laideur d'une barre d'immeubles. Au feu, je n'ai pas pu continuer tout droit, alors j'ai pris à gauche et j'ai longé les bords de Marne, sans but, jusqu'à ce que je remarque l'autoroute qui coulait en contrebas. Je me suis engagée sur la bretelle d'insertion et j'ai passé la sixième pour être tranquille.

– T'as porté plainte ? il a demandé.

– Non… Je n'ai pas porté plainte, non… Pour moi le viol c'était un type dans un parking qui me colle un couteau sous la gorge, donc je n'ai pas réussi à me dire : Tu viens de te faire violer. J'ai refoulé. Je me suis dit que j'étais bien conne et que je le méritais. Qu'est-ce que je croyais ? Qu'un mec rencontré en boîte à 4 heures du matin allait me trouver du travail ?

Marco n'a pas réagi. J'ai doublé une série de camions. Le moteur tirait la langue au-delà des 4000 tours alors j'ai levé le pied et repris ma place sur la file de droite.

– Je ne sais pas comment je suis rentrée chez moi, après, j'ai ajouté. Je ne me vois pas sortir de ce studio, retrouver la vie dehors, les gens, prendre le RER dans le sens inverse, retrouver l'appartement, ma chambre, mes parents, leur dire que tout s'est bien passé. Je l'ai fait mais je n'en ai pas le souvenir.

Marco a gesticulé sur son siège et s'est plaint de la ceinture qui lui cisaillait le ventre. Il m'a paru énervé.

– Pourquoi tu me dis ça ? J'ai pas envie d'entendre ça.

Il a tendu la main vers le tableau de bord pour attraper son téléphone et a constaté qu'il s'était éteint. Plus de batterie. Il a ouvert la boîte à gants à la recherche d'un chargeur et juré en découvrant que le câble n'était pas compatible. Ses doigts tremblaient sur ses cuisses, je le sentais fragile et je me suis demandé comment réagirait la voiture si, à cette vitesse, il était pris d'une folie et actionnait le frein à main. J'avais moi-même subi ce type de pulsion. À une époque, je ne pouvais pas conduire la nuit sans penser : Que se passerait-il si je refusais le prochain virage ? Si je gardais les roues bien droites et que j'entrais à 100 à l'heure dans cette glissière de sécurité, ce platane, cette maison de campagne ? Un panneau bleu s'est approché, annonçant un péage dans 2 000 mètres.

Cette scène, moi qui essaie de lui raconter, je l'avais souvent fantasmée. Elle n'avait jamais lieu à l'avant de la voiture. Je me voyais dans la pénombre du salon, assise à ses côtés sur le canapé, ou bien dans ma chambre, tard le soir après une discussion à propos d'un film qui n'avait rien à voir, et dans tous les cas la douleur du secret nous permettait de retisser un lien abîmé. Je n'avais pas envisagé qu'il puisse garder le silence. Je n'avais pas non plus réalisé qu'il était l'un des leurs.

Le péage était désert. J'ai ouvert ma fenêtre pour payer à la barrière et découvert qu'une escouade de policiers en gilets pare-balles attendait de l'autre côté. Un type qui devait avoir mon âge, le crâne rasé, des muscles embrassant un fusil-mitrailleur, m'a suivie du regard tandis que j'accélérais pour enclencher la seconde. J'ai jeté un œil à Marco. Il dormait, recroquevillé contre sa portière. J'ai pensé aux chiens renifleurs et au shit qu'il avait toujours dans les poches. Mon téléphone a vibré contre le levier de vitesses. Jalil. J'ai attendu de m'être éloignée pour décrocher.

– T'as décidé de ne pas rentrer ?

– J'ai récupéré Marco. Je suis avec lui, là, en voiture. On fait un tour mais on rentre bientôt.

– Un tour ? À 2 heures du matin, vous faites un tour ?

– Je t'expliquerai.

– Pourquoi tu chuchotes comme ça ?

– Il est à côté de moi, il s'est endormi. Tu peux aller te coucher, on rentre bientôt.

Il ne croyait pas à mon histoire. J'ai attendu un moment dans le silence, fixant les lignes continues qui marquaient les distances de sécurité. Je repensais à cette phrase qu'il avait prononcée un peu plus tôt dans la soirée : « Il n'y a plus que la loi devant nous. » C'était une façon étrange de voir les choses. J'ai allumé l'autoradio mais il ne fonctionnait plus.

J’ai compris que le son était bloqué au minimum. C’était toujours « Why? », de Tracy Chapman. Je l’ai laissée chanter doucement sur la batterie, elle a enchaîné sur « For My Lover », et sans y penser, je me suis mise à fredonner.

Jusqu'à un certain âge – 8 ans, je dirais – j'ai été heureuse. Première de la classe, timide avec les adultes, mais pas introvertie. On me prenait pour un garçon à cause de mes cheveux en bataille et je le cultivais, j'en étais fière. On n'avait pas de console à la maison, pas de distractions, rien à faire à l'intérieur alors je vivais dehors, en jogging. Je sautais à la corde, je piquais les goûters dans la réserve de l'école, je les distribuais à la récré. De nos jours, on me trouverait une maladie de l'attention.

Malheureusement, mon père a décroché ce travail. Une pizzeria. Ma mère m'a annoncé la nouvelle, un soir, dans la cuisine. On déménageait. J'allais dire adieu aux copains mais ce n'était pas grave, il ne fallait pas que je m'inquiète, j'allais m'en faire de nouveaux, des enfants de mon âge, il y en avait plein. J'ai reçu l'information. Je n'ai pas réalisé. Les grandes vacances sont arrivées, on a déménagé, j'ai fait ma rentrée de CE2 dans l'école de la cité. Je débarquais avec mon envie de bien faire et mon cartable qui sentait le magasin. Je ne connaissais personne. Le premier jour, la maîtresse a fait l'appel sous le préau et nous a demandé de former des rangs en nous tenant la main deux par deux. J'ai attrapé celle de mon voisin sans réfléchir, parce que la maîtresse m'avait dit de le faire, et pour me punir d'avoir choisi ce garçon-là, une fille m'a tiré les cheveux. Je suis tombée à la renverse. Ma mère a été convoquée. La directrice lui a expliqué que l'intégration d'un nouveau dans une classe nécessitait que *tout le monde* fasse des efforts, à commencer par la première concernée. Les semaines qui ont suivi, j'ai essayé de m'intégrer. J'ai vraiment essayé. Mais on ne s'intègre pas de force. Les élèves me tendaient des pièges. Un soir, j'avais refusé de courir pour leur échapper, et dans la bataille, en tirant sur une boucle, une fille m'avait déchiré le lobe de l'oreille. Des années plus tard, je me réveillais encore avec la sensation que mon oreille se remettait à saigner. Je me passais la main dans le cou, je rallumais la lumière, affolée, et constatais que j'avais rêvé, les draps n'étaient pas tachés. Ils frappaient pour faire mal, mais c'est la haine dans leurs yeux qui m'avait blessée. Ça, et le fait d'avoir reconnu mon voisin, Mohamed, dans la mêlée. Je l'ai retrouvé à 20 ans dans le sous-sol d'un bar à Strasbourg-Saint-Denis. C'est lui qui m'a reconnue. «Jessie? Incroyable! Qu'est-ce que tu deviens?» Il était persuadé que je finirais danseuse, c'est ce qu'il m'a dit. Il s'était mis ça dans la tête parce qu'on avait monté une chorégraphie pour le spectacle de la maison de quartier. Il imitait Michael Jackson, chapeau, gants blancs et cris perçants, et moi je faisais la choriste, derrière, qui bouge sur le refrain. Je l'aimais bien. On a passé des week-ends à faire croire à des vieux trouvés dans les Pages blanches qu'ils avaient gagné le gros lot. On tapait le 3615 Ulla sur le Minitel de ses parents. On se marrait. C'était un suiveur, Mohamed, c'est décevant d'en prendre conscience en recevant un coup de pied, mais il n'était pas le seul. Je le constate chaque année, une classe c'est la société à petite échelle: il y a les populaires, les différents, et le ventre mou, les sans colonne vertébrale, pas de principes, pas de convictions, ça flotte dans le sens du vent.

Le CM2, ça avait été un peu mieux. J'avais supporté l'année en me répétant que le collège serait différent. Une nouvelle arène, de nouveaux élèves, des professeurs qui avaient leur salle et leur matière, des couloirs avec des casiers pour y ranger ses affaires comme dans les séries américaines. J'avais troqué mon cartable contre un sac à dos, mon cahier de textes contre un agenda. J'étais prête. J'y ai vécu mes pires années. Je les revois toutes ces filles, les Sarah Guipon, Carène Biscaye, Audrey Marot, Camille Chartier, en cercle à 8 heures devant le portail : « Ta queue-de-cheval elle est de travers, le rouge à lèvres il dépasse. Les chaussures, c'est sérieux ? Pourquoi t'as mis cette jupe ? Et ce tee-shirt, tu l'as trouvé chez Emmaüs ? » J'étais tellement choquée par leur violence que je ne bronchais pas, je restais là. Je me racontais une histoire dans laquelle j'étais intouchable, elles ne pouvaient pas m'atteindre puisque je les trouvais moches, mais le matin je lisais mon nom sur les tables, des élèves que je n'avais jamais vus m'insultaient dans la rue, à force je me suis renfermée. Je n'en parlais pas aux adultes, ni les surveillants, ni les profs, surtout pas les profs, j'avais trop peur qu'ils s'impliquent et que la situation empire.

On peut vous plonger la tête dans les chiottes, vous brûler le menton au briquet, ça peut toujours être pire. Mais à la maison, j'en parlais. Je ne comprenais pas pourquoi ça m'arrivait à moi, pourquoi au milieu de tous ces élèves, et il y en avait des gratinés, ils m'avaient choisie moi. Bien entendu, je ne racontais pas à ma mère que j'étais la petite fayotte insupportable qui levait la main chaque fois que le prof interrogeait la classe. J'avais toujours droit à la même réponse de sa part : « Ne fais pas attention à eux. C'est de la jalousie. »

Au fil des années, j'avais acquis une réputation. Celle d'une fille coincée, bizarre, qui se la raconte. Dans la cour, on me traitait d'anorexique. Je ne l'étais pas du tout mais j'étais très mince, c'est vrai, j'étais jolie comme une poupée mais je n'étais pas sexy, je n'étais pas formée. Pas de cul, pas de seins. J'ai eu mes règles à 16 ans. Un garçon m'avait appelée « Investissement à long terme », et le pire c'est que ça m'avait fait plaisir. Je m'étais dit : Ouf, tout n'est pas perdu, parce que j'avais beau me répéter que j'étais bien toute seule, à force, je perdais confiance. Les filles qui avaient du succès, elles étaient toutes en jean-baskets, genre je suis décontractée, mais avec un décolleté qui montrait tout. Moi, ce que je pouvais mettre en valeur, c'étaient mes jambes et mon choix de vêtements. Mon look : elle était là ma personnalité. Je mettais des minijupes ultra courtes, des chaussettes montantes jusqu'aux genoux, je passais des heures à me faire des bigoudis, j'étais hyper coquette. Et même si tous les soirs je rentrais chez moi en pleurs, l'image que je renvoyais à l'extérieur était celle d'une fille forte, qui avait du caractère, qui répondait, qui ne se laissait pas faire.

Sur la porte de ma chambre, j'avais un poster de Vanessa Paradis en taille réelle. C'était mon idole. Aujourd'hui, j'ai bien conscience que c'est la meilleure manière d'être déçue par les gens, d'avoir une idole, mais c'était ma façon de croire en l'avenir. Je rêvais, comme elle, de m'avancer seule sur scène devant une foule immense. Je n'avais pas le droit de sortir alors je m'entraînais dans ma chambre. J'attendais qu'une chanson passe à la radio, je l'enregistrais sur cassette, en guise de micro j'attrapais un feutre ou une paire de chaussettes et je dansais devant le miroir en corrigeant mes gestes. Je me disais, un jour, ils me verront à la télé et ils regretteront, ils diront « on la connaît, elle était avec nous à Aulnay», ils essaieront de me recontacter et je les aurai oubliés, je dirai «non désolée, je ne vois pas, on se connaît?».

La haine s'évapore avec le temps, heureusement. Je sais qu'il n'y a rien de moins intelligent qu'une foule, et je sais qu'il est facile de rejoindre ses rangs. Ça m'est arrivé, pas plus tard que l'an dernier. Je rendais des devoirs catastrophiques, et je me suis autorisée à commenter une copie à voix haute. Celle de Malik, un garçon avec des lunettes comme des culs de bouteille, qui faisait ses devoirs sur ses genoux faute de bureau à la maison. Je lui avais mis 5. «Alors, Malik, c'est encore autre chose, j'avais lancé à la classe. Non seulement le résultat est faux et le raisonnement incohérent, mais en plus il y a des fautes à tous les mots! Malik, quatre S à "démonstration", vraiment? Qu'est-ce qu'il s'est passé, il y avait des S qui se baladaient dans ton stylo, tu l'as secoué un peu trop fort et hop, ils sont retombés en pluie sur ta copie?» Je sentais la classe qui pouffait dans mon dos: allez, madame, s'il vous plaît, torturez-le encore un peu. Je m'en suis voulu tout de suite mais c'était trop tard, et dans le regard de Malik, je voyais briller la rage qui bouillonnait en moi au même âge, quand une prof m'avait lancé, en me voyant agiter la bille de mon Tipex : « Alors Jessie, on s'entraîne ? » Le lendemain, la moitié du collège mimait la masturbation.

La seule personne que j'aie gardée de cette sale époque, c'est Sophie. Elle était populaire, elle, alors qu'elle était première comme moi, et qu'elle était rousse. Une rousse avec des mèches sauvages, pas orange non plus. Les autres roux du collège se faisaient appeler « Poil-de-carotte » ou « Coton-tige usagé », mais elle, non, elle était immunisée. Je n'ai jamais compris d'où elle tirait son pouvoir. Elle jouait au football dans la cour, elle n'avait pas peur d'aller au goal et avait même perdu une incisive en se prenant le poteau de plein fouet dans la mâchoire. En primaire, les garçons étaient tous plus ou moins amoureux d'elle. Elle recevait des lettres à la maison, des appels sur le fixe des parents, ça la faisait marrer. On s'était rencontrées au conservatoire, parce que ma mère avait beau être fauchée comme les blés, elle avait des principes de grande bourgeoise : une jeune fille, ça fait du piano, de la danse classique, de l'analyse, des trucs pointus. Au début, Sophie, je l'ai détestée. « Toi de toute façon, à part le centre commercial, tu t'intéresses à rien », elle m'avait lancé. J'avais ruminé des heures, le soir dans ma baignoire, en cherchant ce que j'aurais dû lui répondre. Il y a un film avec Massimo Troisi, mon acteur préféré, c'est l'histoire d'un type criblé de dettes qui se démène pour sauver son cinéma. À un moment, le héros, encore super énervé, raconte une scène d'embrouille à un copain : « Tu te rends compte de ce qu'il m'a dit ? Du coup je lui ai répondu ça, ça et ça ! — Ah vraiment, t'as réussi à lui balancer tout ça ? » Massimo hésite. « Non, j'avoue, j'ai pas réussi. J'aurais dû mais j'ai pas réussi. Ça t'arrive jamais, toi, d'avoir les bons mots qui viennent après ? Je sens que je m'améliore, mais ça vient pas encore assez vite. »

Sophie, j'avais dû attendre le lendemain pour lui répondre : « Bah oui, le samedi je vais au centre commercial. Excuse-moi si mes parents ne vont pas au théâtre. Parce que tes soirées à l'opéra pour applaudir l'orchestre symphonique, t'y vas pas toute seule avec tes petites jambes, que je sache, hein ? Sans tes parents tu resterais à la cité, comme moi. »

Sa mère était psychiatre et son père travaillait dans une grosse boîte, directeur d'un département quelconque, peut-être les ressources humaines. Les parents de Sophie n'avaient rien à faire à Aulnay mais ils étaient communistes. Des vrais. Alors ils avaient une maison, un petit jardin avec une table en fer et un parasol pour manger dehors, ils allaient voir une expo les week-ends et s'éloignaient de la Seine-Saint-Denis à chaque vacances scolaires, mais ils n'ont pas quitté le navire. Ils sont restés en attendant le naufrage, leur gilet de sauvetage autour du cou. Mes premiers souvenirs de vacances, c'était avec eux. Ma mère ne travaillait pas encore et mon père n'allait pas dépenser ses pourboires dans une semaine à ne rien faire, alors j'avais eu l'autorisation de les suivre. Ils louaient une maison, toujours la même, sur les hauteurs d'une île minuscule en Bretagne, si petite que les voitures étaient interdites. Les restaurants et supermarchés se faisaient ravitailler par un ferry, et tout le monde circulait à vélo. On était gosses, avec Sophie, 11 ou 12 ans à tout casser, mais ses parents avaient confiance. Tant qu'on respectait les horaires, on avait le droit de vivre nos vies à peu près comme on l'entendait. On s'achetait des glaces, des magazines people à la maison de la presse, on volait de la graisse à traire en la cachant dans nos serviettes et on passait nos après-midi à risquer le cancer. Le soir après la douche, en se tartinant de Biafine pour calmer le feu de ses coups de soleil, Sophie en voulait à ma peau d'Italienne. Je noircissais. On ressortait souvent après le dîner pour une balade sur le port, ses parents aimaient voir le soleil tomber dans la mer. Je n'ai pas souvenir d'avoir fait des choses extraordinaires sur cette île, mais rien que m'asseoir avec une carte dans les mains à une table de restaurant, c'était une première. Pour rentrer à Aulnay, on se serrait avec les oreillers et les duvets à l'arrière de la Rover, une berline au toit oppressant, qui sentait le cuir et le sapin parfumé. Je déteste les retours de vacances. Ils m'angoissent parce qu'ils induisent le retour de l'école et le retour des idiots, de tous ces petits qui me traitaient d'intello parce que j'avais les meilleures notes. Encore aujourd'hui, malgré tout ce que je sais du harcèlement, j'ai du mal à comprendre comment cela peut être une insulte. « Sale Noir, sale Blanc, sale Arabe, sale Juif, sale pauvre, sale bourge », d'accord. Mais « sale intello » ? Je me retournais sur ma chaise et je leur lançais qu'il n'y avait vraiment pas de quoi se vanter de n'avoir « rien foutu » si c'était pour finir avec des notes pareilles. À la cantine on vidait des bols de riz dans ma capuche, je me levais pour aller aux toilettes et à mon retour je trouvais un yaourt écrasé sur ma chaise ou un mollard flottant à la surface de mon verre. J'entends comme tout le monde parler de ces gamins qui finissent par se pendre dans leur chambre après avoir alerté la terre entière. Sans Sophie, je me serais peut-être foutue en l'air. Elle n'avait pas peur de perdre en popularité, de dégringoler dans la hiérarchie en affirmant que j'étais son amie. Elle prenait ma défense. Dans *Tintin au Tibet*, il y a une scène avec un moine qui entre en lévitation dans une lamaserie. Il a une vision : Tintin, Milou et le capitaine Haddock sont pris dans une avalanche, il faut envoyer une expédition. Mais le moine ne sait pas que Tintin s'appelle Tintin. Dans sa vision, il voit « un jeune homme au cœur pur, avec un petit chien blanc comme la neige du matin ». Sophie, si demain elle se fait emporter par une avalanche à proximité d'une lamaserie, je vous jure que le premier moine qui soulève ses pieds du sol la décrira en chevelure de feu avec un cœur gros comme ça. C'est ce qui m'a attirée chez elle et c'est ce qui m'a tuée quand je l'ai trahie. Je savais qu'à ma place, elle n'aurait jamais pu faire une chose pareille.

Sophie est la seule personne qui a su pour le viol en 1997. Elle ne m'a pas encouragée à porter plainte. Dans nos têtes, à l'époque, ce n'était pas une option. J'avais été violée pour ma première fois, c'était terrible mais il fallait le prendre comme un accident, le genre de chose qui arrive, j'allais m'en remettre en serrant les dents. Quand Marco s'est fait racketter son iPhone, je l'ai accompagné au commissariat, et dans le hall, je voyais tous ces gens sur leur portable qui attendaient leur tour, je me suis demandé : Pourquoi tu ne l'as pas fait ? Pourquoi tu n'es pas venue tout raconter à un de ces types en uniforme ? Quelqu'un aurait au moins fait semblant de t'écouter. Je n'ai pas de passion pour les flics mais ça reste des êtres humains.

C'est arrivé rue Washington, près de l'Arc de Triomphe. Septième étage. J'avais sa carte de visite, son adresse. Il était confiant, il savait que je n'en ferais rien. Une nuit, bien plus tard, j'en ai reparlé avec Sophie. C'était les débuts de Facebook, on retrouvait des gens qui avaient disparu, et j'ai pensé à lui. Vincent Kiril. J'ai rentré son nom dans la barre de recherche. Ça n'a rien donné et j'ai été soulagée.

« Il est peut-être en taule », avait dit Sophie. Elle n'y croyait pas. C'était une phrase gratuite, une phrase pour me rassurer.

« Je lui souhaite d'y passer sa vie, j'avais rétorqué. Je le tue moi-même si je le recroise.

– Tu le reconnaîtrais ? Si tu lui rentrais dedans sur un trottoir, tu le reconnaîtrais ?

– À 100 %.

– Alors tu le recroiseras, avait dit Sophie. Il n'y a que les montagnes qui ne se rencontrent pas. »

C'était la première fois que j'entendais cette expression. Les montagnes. Sophie avait raison. Je suis tombée sur lui quatre ans plus tard, dans le RER A. Il est monté à Auber avec un sac des Galeries Lafayette, il a effectué un demi-tour sur lui-même et s'est tenu à la barre métallique. Je rentrais de deux semaines en Sicile. Je portais un débardeur, un short coupé aux ciseaux et des tongs Ipanema. Calée entre mes cuisses, ma valise m'obligeait à m'asseoir de biais. Je tremblais. Il est descendu, je suis restée à ma place et quand la rame s'est remise en branle, je me suis approchée de la vitre pour voir son visage.

C'était lui. Il avait vieilli, indéniablement, mais c'était lui.

À 18 ans, j'ai eu mon bac, mes parents ont divorcé, j'ai été violée, j'ai intégré Louis-le-Grand. Dans cet ordre. J'étais la seule de toute la Seine-Saint-Denis à y être acceptée en maths sup, cette année-là. Ça aurait dû être une fierté, mais j'étais en roue libre. Détraquée. Je me défonçais en boîte tous les week-ends. Je prenais des inconnus à la chaîne dans les toilettes. Je voulais jamais rentrer chez moi alors j'arrêtais des types avec ma voiture au petit matin, des mecs qui ne me plaisaient même pas et qui me faisaient du mal, mais j'étais devenue une autre personne, je ne me ressemblais pas. C'est un miracle que je n'aie pas attrapé le sida.

J'ai beaucoup lu sur le traumatisme, qui fait que le cerveau disjoncte et qu'on se met sans cesse en danger, comme si on nous avait jeté un sort, et qu'on se retrouvait coincé dans une immense boucle de répétition : toujours la même situation. Si on m'avait demandé ce qui clochait à l'époque, j'aurais haussé les épaules. Je n'en savais rien. J'avais l'impression d'être la même.

En prépa, les élèves me regardaient comme un animal sauvage, aux réactions imprévisibles. Ils habitaient le quartier, le matin ils venaient à pied ou à vélo. La première fois que j'ai été invitée à une de leurs soirées, c'était un anniversaire dans une maison avec cinq mètres sous plafond. Le rez-de-chaussée ouvrait sur un jardin. Des carpes rouges et blanches s'ébattaient dans une mare. De l'autre côté du carré de pelouse, une volée de marches menait à une bâtisse identique à la première, qui servait à loger les invités. Nourredine, un Égyptien dont le père était ami avec le président, occupait le premier étage. De sa terrasse, j'avais l'impression qu'en me penchant un peu je pourrais toucher la tour Eiffel. Il était très amoureux de moi, Nourredine. J'avais prétendu être lesbienne pour ne pas le vexer. J'ai eu pas mal d'occasions cette année-là, le physique de brindille, la femme-enfant, ça plaisait plus qu'en banlieue, mais j'étais trop abîmée, trop attirée par la souffrance pour accepter de vivre quelque chose qui aurait ressemblé à une relation amoureuse. Je valais mieux que ça, j'imagine, en tout cas c'est ce que je me racontais. Dans mon dos, on me traitait de nympho, mais la vérité c'est que je ne savais pas m'y prendre. J'imitais. J'avais vu du porno et je m'étais dit, voilà, les filles font l'amour comme ça. Comme des chiennes. Je voulais entrer dans le désir de l'autre, m'y conformer. Je prenais des initiatives. Je me souviens d'un garçon, Bruno, un intello. Il m'avait demandé, encore essoufflé : « T'es toujours… comme ça ? » Un autre, David, avait pensé à voix haute : « C'est comme si j'avais vécu un fantasme, comme si j'avais couché avec une de ces filles, dans les vidéos. » Je l'avais largué, et soudain son regard avait changé : « De toute façon, tu n'es belle que dans le mouvement. » Je comprends ce qu'il entendait par là. Je me croyais libre, impulsive, spontanée. J'étais juste intoxiquée. Je clamais partout que le couple tuait l'amour, mais quand je commençais à m'enticher d'un mec, je lui écrivais toute la journée, je l'avais au téléphone quarante fois d'affilée, je voulais savoir où il était, et avec qui. Ça se voyait que j'avais un problème. Je crevais qu'on me regarde, qu'on m'aime, qu'on me sauve.

À 15 ans, je me rappelle être tombée sur un épisode de série télé – un vieux truc, peut-être *Derrick* – dans lequel une fille se faisait agresser. Un type l'avait suivie, coursée, rattrapée. J'avais tenté de me mettre à sa place. Si ça m'arrivait, comment je réagirais ? J'en étais venue à la conclusion que si un type cherchait à me violer, j'essaierais d'être consentante. De lui *faire l'amour*. Après tout, s'il en était réduit à ça, c'était par manque d'amour. Eh bien, après le viol, j'ai pas arrêté de répéter ce truc : feindre le consentement pour éviter la violence. J'étais tombée folle amoureuse d'un DJ, je lui avais noté mon numéro sur un bout de papier, et un jour, un type m'appelle en se présentant comme un ami à lui. Il me fait le même coup que le premier, il cherche une danseuse. Il me donne rendez-vous à Versailles, un beau quartier. Je lui montre une première choré, il aime bien mais il voudrait me voir en impro. Je ne me démonte pas. La deuxième fois, il a un appareil photo. Il demande si j'accepterais de poser « un peu sexy ». Ça ne me choque pas, les danseuses sont sexy. Il me donne un troisième rendez-vous, et quand j'arrive il est avec un de ses amis. Je ne sais pas ce qui se passe dans ma tête, il y a comme un étage au-dessus de nous, une mezzanine, il me dit « monte », et voilà. Je suis glacée. Je comprends que tout le cirque qui a précédé n'a servi qu'à l'avènement de ce moment, mais ils sont deux, plutôt grands, je n'ai pas le courage de partir en courant et je me dis que je ne suis qu'une conne et qu'il faut que je sois punie pour ma connerie. Donc je monte. Et je sais faire. Je m'allonge. Je sors de mon corps. J'attends que ça passe. Le mec me dit: « Bouge pas, il arrive, l'autre. » Et je reste des heures sous la douche après. C'est un cliché, mais c'est vrai. À la fin, il me file un billet de 50 en me disant: « Tiens, pour le taxi. Normalement il t'en restera pour une pizza. » Et elle est là, leur ambivalence. C'est là-dessus qu'ils se racontent que ce n'était pas du viol. Ils savaient que je ne voulais pas. Ils l'ont lu sur mon visage, dans mes hésitations, dans ma façon de monter à reculons. Et ils achètent ça avec une pizza.

L'album s'est arrêté en bout de piste. Tracy Chapman a repris le morceau d'ouverture, « Talkin' Bout a Revolution », j'ai éteint l'autoradio et le silence est revenu. Découpée dans la nuit par ses bandes réfléchissantes, l'autoroute s'allongeait devant nous. Je pensais à Jade. Je me demandais si elle dormait, ou si elle hoquetait en silence dans son lit en faisant de son mieux pour ne pas réveiller ses frères. Marco a sursauté et j'ai pensé qu'il venait de chuter dans son rêve. Il s'est frotté les yeux, a constaté que son téléphone était toujours éteint, puis il a demandé ce que c'était que ce bruit.

– Quel bruit ?

– La voiture. T'entends pas ?

– Non…

– T'es au max, là?

J'ai écrasé l'accélérateur. Le moteur s'est emballé mais l'aiguille sur le compteur persistait à indiquer une perte de vitesse. J'ai rétrogradé. Le moteur a toussé, comme s'il étouffait.

– Nan… me dis pas que t'as pas fait le plein?

Le Nissan entrait dans sa vingtième année. C'était une petite merveille dotée d'un moteur diesel increvable, pensée par des ingénieurs japonais peu portés sur l'électronique. Il avait avalé plus de 400 000 kilomètres, et même s'il n'avait plus le droit depuis trois ans de rouler intramuros, tous les garagistes de Paris voulaient me l'acheter. Il était parfait, à ceci près que la jauge d'essence s'obstinait à indiquer la moitié du plein, sans se soucier de ce qui restait dans le réservoir. J'essayais de calculer les kilomètres entre deux passages à la pompe, mais je m'y perdais et flirtais en permanence avec la catastrophe.

– Ils ont annoncé une aire? a demandé Marco.

– Comment ça, ils?

– T'as vu des panneaux? On est à combien de la prochaine station?

Des appels de phares ont éclaté dans mes rétroviseurs. Un camion nous collait. Il a klaxonné comme un possédé et s'est décidé à doubler. L'impression de voir passer un train. Marco a enclenché les warnings et, passant sous les 60 kilomètres à l'heure, j'ai accepté de me ranger sur la bande d'arrêt d'urgence. L'élan nous a permis de combler un kilomètre et demi avant que la voiture ne s'immobilise. J'ai tenté, sans y croire, d'éteindre et rallumer le moteur. « Tu vas le noyer », a maugréé Marco en ouvrant sa portière. Il a buté contre la glissière de sécurité, puis il a désigné le champ de colza sur sa droite et demandé dans quel trou on avait atterri. Je n'en avais aucune idée. J'avais roulé droit devant moi.

– Putain mais comment tu fais, sérieux ? Qui tombe en panne d'essence à part toi ?

Marco a refusé d'enfiler son gilet jaune. À la place, il a enjambé la glissière et est allé s'asseoir en tailleur au sommet de la butte qui dominait l'autoroute. De là-haut, j'ai remarqué une borne orange, équipée d'un téléphone, à environ 300 mètres en longeant la voie.

– Je vais voir si je peux appeler l'assistance, j'ai dit. Tu viens ?

– Nan c'est bon, je garde la caisse.

Il avait commencé à éventrer une cigarette.

– Mets ton gilet dans ce cas. Là, comme ça, personne te voit.

Il a ignoré ma remarque et m'a laissée seule prendre la direction de la borne. J'ai allumé la torche de mon téléphone pour me frayer un chemin entre les emballages de fast-food, les bouteilles en plastique et les lambeaux de pneus qui jonchaient le gravier. Je n'avais jamais utilisé ces machines de secours. Elles semblaient avoir été posées là dans les années 1970, et oubliées depuis. J'ai pressé le bouton SOS, le seul sur lequel il était possible d'appuyer, et j'ai été étonnée d'entendre une voix humaine de l'autre côté, la voix d'une femme qui venait de très loin. Elle m'a demandé de rester en ligne le temps de localiser un dépanneur. J'ai attendu dans mon gilet fluorescent qu'elle me mette en relation, et alors que je commençais à trouver le temps long, un homme a surgi dans la conversation pour m'annoncer que je manquais de chance, il avait été appelé cinq minutes plus tôt sur un accident.

– Je ne sais pas si c'est la lune ou quoi mais vous avez tous décidé de vous planter en même temps.

– Vous pensez que vous en aurez pour combien de temps ? j'ai demandé.

– Vous êtes sur l'A4, à hauteur de Villemareuil ?

J'ai regardé autour de moi, par réflexe.

– J'en sais fichtre rien… Je vous appelle de la borne 209P…

– Je vais trouver. Qu'est-ce qu'il vous arrive ?

Il avait dû enclencher le haut-parleur. Un bruit métallique, régulier, tintait derrière ses questions. J'avais l'image du crochet de sa dépanneuse, brinquebalé par des nids-de-poule.

– Panne d'essence.

– Vous vous êtes fait surprendre par la réserve ?

– J'ai pas de réserve.

Je n'avais pas le courage d'entrer dans les détails.

– Vous avez quoi comme voiture ?

– Un 4 × 4 Nissan. Un vieux diesel…

– Bon, je vais voir, mais si vous avez roulé à sec, ça suffira pas de remettre du gasoil, il faudra réamorcer la pompe…

Je le savais. Il m'a demandé de garder mon téléphone près de moi, il m'appellerait dès qu'il en aurait terminé avec son accident. J'ai raccroché et j'ai jeté un regard en direction de la voiture. Le plafonnier était allumé. Marco fumait la fenêtre ouverte. Je me suis mise à courir.

– Sors de là !

– Ça va... Je fais rien de mal, j'écoute Tracy machin, là. Je me faisais harceler là-haut, c'est bourré d'insectes.

– Tu sais de combien elle est, ton espérance de vie sur une bande d'arrêt d'urgence ?

– Quoi ?

– Vingt minutes. Maximum.

– C'est ça. Donc il me reste trois minutes là, à peu près ? Tu racontes n'importe quoi en fait ?

– Sors de là !

La musique s'est tue, puis l'intensité des phares a faibli jusqu'à s'éteindre totalement. La batterie rendait l'âme. Il fallait que je sauve celle de mon téléphone, mais en zoomant dans la carte j'ai vu qu'une station se trouvait devant nous, à environ deux kilomètres. Marco a récupéré son portable sur le siège passager et, abandonnant le Nissan à l'obscurité, a fini par se mettre en route.

Les lumières de la station l'annonçaient de loin, comme le halo d'une ville dans le désert. C'était une petite aire avec seulement six pompes, une cafétéria

Brioche Dorée et des sanitaires en travaux, déplacés dans un préfabriqué. J'avais besoin d'un café. Le temps qu'il finisse de couler, je me suis approchée d'une vitrine qui exposait des enceintes Bluetooth, un casque antibruit à 299 euros et un ordinateur portable. Je me suis demandé un instant quel genre de client pouvait se laisser tenter par l'achat d'un ordinateur portable sur une aire d'autoroute.

– Avance-moi 39 euros, steuplait, a dit Marco en agitant un chargeur de téléphone.

– Comment tu vas me rembourser? Avec quel argent?

– Bah, celui de mamie.

– Alors pourquoi tu as besoin de moi? Il y a un distributeur à l'entrée. T'as une carte Electron, non? Tu peux tirer 40 euros.

Je savais qu'il était fauché. J'ouvrais ses relevés, il restait 40 centimes sur son compte courant. Découvert interdit.

– Qu'est-ce qu'il y a? T'as dépensé les 500 euros de mamie? j'ai demandé.

Il a détourné le regard le temps d'inventer un mensonge.

– Ils sont à la maison, les 500 euros. Tu sais, j'ai

pas trop confiance dans les banques, moi, je préfère les vrais billets. Je me rends mieux compte de ce que ça représente.

– Arrête ton cinéma.

– Allez ! Je te promets, je te les rembourse.

– Pourquoi c'est urgent comme ça ? Tu vas appeler qui, à 4 heures du matin ?

J'ai sifflé mon café, et parce qu'il avait faim, j'ai acheté à Marco le dernier croque-monsieur qui durcissait derrière la vitrine. Il a cherché une table près d'une prise, pour son téléphone, avant de s'attaquer au fromage cartonné avec son couteau en plastique. J'ai balayé la pièce du regard. La salle était vide, à l'exception d'un routier aux cheveux mouillés, une serviette jetée sur l'épaule, qui sirotait un Orangina. Un tatouage compliqué jaillissait des manches de son tee-shirt. Marco a levé le nez pour respirer entre deux bouchées, et s'est arrêté net en remarquant le couple qui venait d'entrer. L'homme, petit, le crâne rasé, se dirigeait vers les machines à café, suivi d'une femme à la peau bronzée et aux jambes interminables.

– Te retourne pas ! m'a ordonné Marco. C'est Verratti, un joueur du PSG. Marco Verratti. Il est italien. Et sa femme, là, c'est une mannequin, elle est archi célèbre.

Il a dégainé son portable et a fait défiler sous mes yeux le profil Instagram de la fille qui, au même moment, étudiait les propriétés nutritionnelles d'un paquet de gâteaux. Les photos la montraient en maillot, sur un tapis rouge, à moitié nue dans le miroir d'une salle de bains, posant enceinte avec une chanteuse américaine, le visage sombre sur le podium d'un défilé Balmain. Elle avait 700 000 followers.

– Qu'est-ce qu'ils font dans ce trou à rats ? C'est un truc de fou… a murmuré Marco.

Il a essayé de les prendre en photo, de loin, a effacé plusieurs clichés qu'il n'estimait pas suffisamment bons pour être conservés, avant de renoncer en les voyant approcher. Le joueur nous a adressé un sourire en comprenant qu'il avait été reconnu. Très beau. Des yeux si bleus qu'ils paraissaient irréels. Il est allé s'asseoir à une table isolée, près de la fenêtre. Sa femme l'a rejoint et la discussion s'est engagée en italien. J'étais trop loin pour saisir chaque phrase mais je comprenais qu'ils s'engueulaient. Le joueur lui disait d'arrêter avec ça, il ne maîtrisait pas les messages qu'on lui envoyait. Marco, qui ne parle pas l'italien, me demandait ce qu'il se passait.

– Rien. Ils se disputent.

– À propos de quoi ?

– Je sais pas. J'entends mal.

– Putain, tu sais que si je les filme, là, c'est une vidéo qui peut faire des millions de vues.

Ça l'excitait.

– Et ?

– Et bah rien. C'est cool. Ça fait de l'argent.

– Laisse-les tranquille. Tu n'aimerais pas qu'on te fasse la même chose quand tu t'embrouilles avec Jade.

Son regard s'est assombri. Il m'en voulait d'avoir prononcé son prénom. Il a déverrouillé son téléphone, par réflexe, et s'est retrouvé à nouveau sur le profil du top model.

– Elle t'a écrit ? Jade.

– Nan.

– Elle doit dormir.

Il a trituré un reste de pain de mie avec la pointe de son couteau en plastique.

– Bon, c'est chiant là, on fait quoi ? il a lancé pour changer de sujet.

– On attend. Le dépanneur va m'appeler.

– Mais qu'est-ce qu'on est venus foutre ici ? Tu me kidnappes ou quoi ?

– Je voulais pas rentrer à la maison.

C'est la seule réponse qui m'est venue. Le joueur du PSG a quitté la pièce, laissant sa copine l'insulter en silence. De l'autre côté des portes vitrées, on le voyait qui faisait sauter une cigarette de son paquet. J'ignorais qu'il restait des fumeurs chez les footballeurs professionnels. Une flamme a jailli de son briquet et les cendres ont rougeoyé à un rythme qui trahissait sa nervosité. Sa femme l'a laissé mariner encore cinq minutes dans sa colère, avant de soupirer et de déployer ses longues jambes à travers la cafétéria pour aller l'embrasser. Leur 4 × 4 Mercedes a déserté le parking dans la foulée.

Marco vérifiait les photos sur son téléphone.

– Putain, j'en ai pas une de bien...

– Pourquoi tu pleurais, tout à l'heure, dans la voiture ? j'ai demandé.

Il a écarquillé les yeux.

– T'es sérieuse à reparler de ça ?

– Marco, tu disparais pendant trois jours, tu réponds à rien, tu m'appelles au milieu de la nuit pour m'annoncer que t'as violé ta copine, excuse-moi mais oui, j'aimerais en parler.

– On en a parlé, déjà. T'en as même profité pour me raconter ta vie.

– Pourquoi tu m'as appelée ?

L'employé de Brioche Dorée passait dans son dos avec un chariot de viennoiseries, diffusant une chaude odeur de beurre. Ça sentait le matin.

– Je t'ai appelée parce qu'elle pleurait. J'avais peur de la laisser seule et qu'elle prévienne des copines.

– Mais qu'est-ce que tu crois ? Évidemment qu'elle va en parler à ses copines.

– T'en sais rien, il a dit. Pourquoi elle en parlerait ?

– Parce qu'elle a envie de crever.

Il a fait tournoyer le couteau en plastique sur son pouce, à la manière d'une majorette. Il le faisait avec un stylo, en classe, dans mon propre cours. Puis il s'est levé pour aller vider son plateau.

– Arrête de faire comme si tu t'intéressais à Jade, il a lâché en retrouvant sa place. Ça se voit que tu la détestes.

– C'est pas vrai. Elle est mal élevée mais je la déteste pas.

Mon téléphone a vibré entre nous, au milieu de la table. Numéro inconnu. « Ça va ? Désolé pour l'attente, je serai là d'ici une demi-heure. » Le dépanneur. J'ai confié ma carte bleue à Marco pour qu'il nous achète une bouteille d'eau. Il est revenu avec une Volvic fraise et on a fait demi-tour, éclairés par les torches de nos téléphones. Le vent soufflait de face à présent. Je marchais devant, vérifiant par intermittence que Marco ne perdait pas trop de terrain.

– Ce que je t'ai raconté sur moi tout à l'heure, c'est vrai, j'ai dit sans le regarder.

– Et alors ? il a crié. En quoi ça me concerne ?

Je ne savais pas comment lui faire entendre qu'on était les mêmes, des handicapés des sentiments, des qui ne savent pas se confier, des qui préfèrent se taire. J'essayais de formuler quelque chose d'intelligent sur la transmission et les vies de nos ancêtres qu'on porte sur nos épaules sans le savoir, quand un lièvre est apparu dans le faisceau de ma torche, à une dizaine de mètres. Il nous a jaugés un instant, assis sur ses pattes arrière, puis Marco s'est jeté sur lui et il a disparu dans les fourrés.

– C'est malin. Pourquoi t'as fait ça?

Il a haussé les épaules. Il n'en savait rien. Il est resté immobile un moment, écoutant le frôlement de l'animal dans les hautes herbes, et un kilomètre plus loin, alors que je commençais à m'inquiéter de ne pas retrouver le Nissan, Marco a demandé avec combien d'hommes j'avais couché dans ma vie.

– De quoi?

– Ça va, fais pas genre t'es choquée.

– Je suis pas choquée…

– Quoi, c'est intime? C'est pourtant pas une question compliquée: avec combien de mecs t'es sortie?

– Je ne sais pas. J'ai pas compté.

– Ah ouais, tant que ça…

– Mon premier copain, il s'appelait Alex. J'avais 22 ans.

– Arrête de mytho. T'as pas eu de mec avant 22 ans?

– Nan. Des petites histoires, mais je ne suis pas sortie avec quelqu'un avant 22 ans.

– Je te crois pas.

– Qu'est-ce que tu veux que je te dise? Ne pose pas de questions si t'es pas capable d'encaisser les réponses.

Il s'est tu. Je n'entendais plus que le bruit de ses pas dans le gravier.

– Bon, et cet Alex, alors, tu l'as rencontré comment?

Le vent freinait ses phrases, je faisais mon possible pour ne pas le distancer.

– Il m'a draguée à Aulnay. Il conduisait la BMW de son père, il roulait à deux à l'heure à mes côtés, il disait que j'étais charmante, ce genre de conneries...

– Ah ouais, un vrai bouffon.

– J'étais jeune. C'était un Portugais, il habitait le quartier mais je ne l'avais jamais croisé. Pourtant sa mère connaissait la mienne, elle gardait des petits elle aussi.

– Ça a duré longtemps?

– Non. Peut-être un an. Il m'a larguée pour une autre, Élisabeth. Un jour ça m'a pris, je suis revenue à Aulnay voir papy et je suis passée en voiture devant la maison de ses parents.

On était en février. Une couronne de Noël était accrochée à la porte d'entrée. Coincé dans une branche de houx, un angelot jouait de la trompette. Il avait l'air ridicule.

– J'ai sonné pour prendre des nouvelles et je suis tombée sur elle, Élisabeth. Ils étaient encore ensemble. Elle ne se souvenait pas de moi mais elle m'avait quand même à moitié agressée : « Vous êtes qui ? Qu'est-ce que vous faites ici ? »

– T'as dit quoi ?

– La vérité : j'étais passée voir mon père, j'avais connu Alex il y a longtemps, je me demandais comment il allait. Ça ne l'avait pas du tout rassurée. Il devait beaucoup la tromper pour qu'elle s'inquiète comme ça.

Marco s'est autorisé à penser à voix haute à propos de l'infidélité, une maladie qui méritait la plus haute sévérité. Je l'ai laissé parler, et soudain la masse noire du Nissan s'est dressée devant nous. On aurait dit qu'il dormait. J'ai tenté à nouveau de le démarrer. Il n'a pas frémi. Marco a retrouvé sa place au sommet de la butte. Je l'ai rejoint là-haut. Il s'est grillé une cigarette et pendant cinq bonnes minutes, on s'est contentés de regarder les voitures qui fendaient la nuit. J'ai eu soif, j'ai demandé la Volvic fraise.

– Je l'ai bue.

– T'en as fait quoi, du coup ?

– Je l'ai jetée. Elle était vide. Tu voulais que j'en fasse une lampe à huile ?

– Tu l'as jetée, comme ça, dans la nature ?

– Je l'ai balancée sur le lapin, dans les fougères. J'allais pas me la coltiner tout le trajet.

J'étais prête à me lancer dans un sermon quand il a sorti la bouteille de la poche de son sweat. Il en restait la moitié. Il souriait.

– C'est trop facile avec toi, tu pars au quart de tour.

J'ai bu quelques gorgées de son eau sucrée et je lui ai rendu la bouteille. Sous la lune, j'ai remarqué que son sweat était frappé du logo de la NASA. Les quatre lettres de l'organisation spatiale s'alignaient dans un cercle bleu, figurant le ciel étoilé. Une comète, ou un satellite, complétait le dessin. J'ai pensé que les Américains avaient décidément un don pour rendre sexy des trucs qui ne l'étaient pas du tout. C'était la mode, j'en voyais tous les jours au collège, des gamins incapables d'aligner trois mots d'anglais, avec des sweats Harvard, Yale, NYPD ou US ARMY sur le dos. Je me suis retenue de préciser à Marco que la NASA avait vu le jour grâce au recrutement d'une armada de nazis. Il a tiré quelques taffes rapides avant que le filtre ne lui brûle les doigts, et sans transition, il a demandé si j'avais été amoureuse de ce mec, Alex.

– Je pensais l'être. Je pensais que j'étais folle de lui. Mais je souffrais d'un tel manque d'affection qu'il suffisait qu'un type s'intéresse deux minutes à moi pour que j'aie le sentiment d'avoir rencontré l'homme de ma vie.

– Pourquoi tu dis que t'étais en manque d'affection ?

– File-moi une cigarette, s'il te plaît.

Il a protesté en me rappelant que j'avais sué sang et eau pour arrêter, mais j'ai insisté et il a protégé la flamme de ses mains pour m'aider à l'allumer. J'ai pris une longue bouffée.

– Si tu savais le nombre de filles qui couchent avec des connards parce qu'elles crèvent d'être regardées, j'ai dit.

– Je comprends pas.

– J'étais en manque d'affection parce que papy et mamie ne m'ont jamais prise dans leurs bras. Jamais encouragée. Jamais dit Je t'aime. Je ne leur en veux pas, je sais qu'ils n'ont pas appris et que leurs parents étaient pareils. Mais après, il y a eu le viol, et voilà, ce sont plein de choses qui se sont additionnées les unes aux autres.

Marco avait besoin de silence pour digérer tout ça. Il s'est allumé une nouvelle cigarette, a tiré dessus en regardant la fumée qui ondulait devant ses yeux, et après un long moment, il a soufflé :

– En fait, t'es une putain de dépressive.

Après le viol, il est évident que je suis partie en vrille, mais je faisais beaucoup d'efforts pour que ça ne se voie pas, donc les gens ne m'en parlaient pas. Seule Sophie savait. Elle s'inquiétait. Elle glissait des préservatifs dans mon sac et m'achetait la pilule du lendemain. Je ne suis pas de celles qui voient des psys. J'ai vu ma mère en fréquenter toute sa vie et elle n'allait jamais mieux, alors c'est bête mais ils ne m'ont pas montré leur efficacité. Et puis la mère de Sophie était psychiatre, elle avait son cabinet dans le prolongement de la maison. Parfois, on sentait qu'elle avait besoin de décharger, elle nous rejoignait dans le salon, elle nous parlait de ses patients : « Oh elle m'a gonflée celle-là, toujours les mêmes histoires… »

Donc je me suis débrouillée.

J'ai commencé par me rétamer à Louis-le-Grand. Avec la vie que je menais, la barre était trop haute. J'étais première en français, quatrième en sciences de l'ingénieur, mais nulle en physique, et en maths j'étais trop moyenne. Au dernier conseil de classe, Mme Cava, ma professeure de français, a proposé une orientation en hypokhâgne. Les autres ont levé les yeux au ciel. « Non, non, a rétorqué le proviseur. Ce sera le même problème là-bas, elle ne travaille pas donc elle n'y arrivera pas. » Aujourd'hui, ça m'aide d'avoir eu cette expérience de fille qui est vue comme la cancre de la classe. Je sais la souffrance de ne rien comprendre en cours, et je sais que tu ne peux pas l'endurer pendant mille ans. Au bout d'un moment, tu cesses d'essayer, tu esquives, tu sors, tu t'amuses. Quand ils m'ont poussée vers la sortie, moi qui avais toujours été première partout, j'ai vraiment eu le sentiment d'avoir raté ma vie.

J'étais pourtant bien partie. Bac S, mention « très bien », félicitations du jury, admise dans la meilleure prépa de France, il n'y a que dans les films qu'une fille avec un tel pedigree réussit à tout foirer. Quand j'y pense, je vois une fusée propulsée dans un ciel azur. Les calculs sont bons, la trajectoire parfaite. Elle traverse sans encombre la stratosphère et poursuit sa route de l'autre côté, conforme aux prédictions. Tout va bien. Mais contre toute attente, un élément extérieur pénètre dans le champ. L'astéroïde, la météorite, l'objet volant non identifié. Collision. Légère. Imperceptible à l'œil nu. La fusée ne bouge que d'un millimètre, mais le mal est fait, elle a été déviée, et chaque kilomètre avalé l'éloigne inexorablement de son objectif. Elle échappe au centre de contrôle et continue, seule, dans l'obscurité.

Heureusement, ils avaient tendu des ponts vers l'université, j'ai pu bifurquer. J'avais demandé la Sorbonne, pour le nom. J'imaginais un établissement prestigieux, le Quartier latin, les amphis comme des cathédrales. J'avais cours dans le 13ᵉ à Olympiades, une tour parmi les tours, enlaidie par d'immenses échafaudages. Fragilisées par les vents tourbillonnants, des fenêtres menaçaient de tomber du vingt-deuxième étage. De cette année, il me reste un prénom, Abel, dont le numéro figure encore à la première ligne de mon répertoire téléphonique. Un gentil garçon, en reconversion après une première vie dans la banque. Il s'emmerdait au guichet d'une agence et voulait « trouver sa voie ». Il avait déjà la trentaine et il est probable qu'il la cherche toujours, en tout cas je doute qu'il l'ait trouvée dans les mathématiques. C'était un paumé, Abel, comme moi. Il avait proposé de me laisser son numéro pour me transmettre les cours d'amphi auxquels je n'allais jamais. C'était maladroit – la vraie raison c'est qu'il voulait qu'on se voie, qu'on boive un verre et qu'on couche ensemble – mais c'était mignon alors j'avais dit « oui, merci, bonne idée ». Je n'arrive plus à me rappeler son visage.

De son côté, Sophie avait intégré Sciences Po. Elle était dans le 6e, rue Saint-Guillaume, avec des gamins qui ressemblaient à ceux que j'avais dans ma classe en prépa. Ça lui plaisait. Elle aimait « l'émulation entre les élèves », comme elle disait. Elle sortait aussi, mais la plupart du temps, c'était des fêtes organisées par l'école, dans des boîtes privatisées pour l'occasion ou chez des camarades qui avaient des chalets à la montagne et des maisons de campagne. En mai ou en juin, je ne sais plus très bien, elle m'a invitée au gala de sa promotion, un événement très important qui se tenait dans une abbaye désacralisée, à une demi-heure de Paris. Sur le carton, souligné deux fois, il était écrit : « Tenue de soirée exigée ». Je n'étais pas certaine de ce que ça impliquait. En soirée, c'est-à-dire le mercredi, le jeudi, le vendredi et le samedi, j'enfilais un string sous un jean serré. Sophie m'avait traduit, et on avait passé un samedi à sillonner le 18e à la recherche d'une robe pas chère, une robe à paillettes argentées que j'avais fait reprendre pour qu'elle me tombe sous les fesses. La fermeture me grattait le dos, mais je brillais, dans le noir on me voyait bien. À l'aller, Sophie avait conduit la Rover de ses parents. On avait pris nos duvets, il était prévu qu'on dorme sur place. En arrivant, ça m'a impressionnée, il y avait un bar à cocktails et des serveurs qui slalomaient avec leurs plateaux entre les invités. Je n'ai rien dit, j'ai fait comme si j'avais l'habitude. Sophie avait à cœur de ne pas me laisser seule, elle m'a tout de suite présenté sa bande. Les filles étaient sublimes mais les mecs donnaient l'impression de s'être déguisés, les costumes étaient mal taillés, trop larges ou trop serrés. Dans le lot, il y avait ce garçon au visage juvénile, un blondinet avec quelque chose dans le regard, une assurance qui lui donnait l'air d'un acteur américain dont j'avais oublié le nom. Je lui ai dit d'ailleurs : « Tu me fais penser à cet acteur, tu sais, le petit génie qui passe son temps à éviter la prison. » Il ne voyait pas mais ça l'amusait, il était flatté. Il a demandé si je voulais boire quelque chose. « Une vodka glaçons », j'ai répondu. J'étais cette fille prétentieuse et mal dans ses pompes qui jouait la sophistiquée en buvant de la vodka quand tout le monde sirotait des mojitos trop sucrés.

L'école avait engagé un pianiste pour animer le cocktail, un ancien élève, plutôt coincé, petites lunettes et redingote, mais les gens préféraient rester dehors à tirer sur des cigarettes. Le voir seulement tourner les pages de ses partitions me filait le cafard. J'ai taxé une clope à Sophie et je suis sortie boire ma vodka dans la cour. Les jours s'allongeaient, il m'a fallu un moment pour me faire à la lumière. Les garçons se rassuraient au contact les uns des autres, formant des cercles de costumes sombres, se racontant des blagues, se tapant dans le dos, se donnant du courage en attendant que l'alcool joue son rôle. Sophie s'est excusée, elle avait un truc à gérer avec la sono. Je me suis retrouvée seule avec le petit blond. Il buvait une Bud au goulot.

« Tu la connais depuis longtemps, Sophie ? il a demandé.
– Depuis toujours. On a grandi ensemble.
– Alors c'est vrai ce qu'on dit, qu'elle vient de la cité ? »
Il souriait dans sa chemise blanche. C'était une provocation.
« Comment tu t'appelles, déjà ?
– Olivier.
– Olivier… D'accord, Olivier, laisse-moi deviner… Ton père est haut fonctionnaire. Ou non, patron d'une boîte qui fait beaucoup d'argent. Disons, dans l'informatique. Ta mère s'appelle Chantal ou Marie-Alice. Elle n'a jamais travaillé. Avec tes frères et sœurs, vous habitez Saint-Germain-en-Laye. Vous faites du judo, du violon, de l'équitation et du hockey sur gazon. L'école, c'est un sujet sérieux, pour vous ça a toujours été le privé. Tu n'as jamais connu la mixité et quand tu parles des banlieues, c'est toujours en pensant à des Noirs qui rackettent des gamins qui te ressemblent ou des Arabes qui affrontent la police. Des "beurs", comme les appellent tes parents. Jusqu'à présent, tu as réussi ce que tu as entamé, ce qui a forgé en

toi la certitude que tu fais partie de la race des vainqueurs, de ceux qui atteignent leurs objectifs, peut-être même crois-tu que tu as un avenir pour le pays. Sciences Po, ce n'est qu'une étape, encore quelques années et ce sera l'ENA, un stage à l'Assemblée, au Sénat, peut-être Bercy et l'Inspection générale des finances si le classement est vraiment bon. Et ensuite, qui sait ? Tu as un joli visage, un sourire pas trop carnassier, à gauche, à droite, une huile sur le déclin pourrait y voir le canasson sur lequel miser, et en moins de deux on imprimerait ta tête sur des affiches au-dessus d'un beau slogan à la con, "Demain avec Olivier", "La sécurité avec Olivier", quelque chose dans ce goût-là. »

Il a porté sa bière à ses lèvres. J'ai fait de même en essayant de ne pas grimacer en sentant le poison me couler dans la gorge. Il continuait de sourire.

« Ah oui, tout ça ?

– J'ai pas raison ? » j'ai demandé.

Il a fait la moue, a posé sa Bud sur une table à proximité et s'est mis à compter sur ses doigts.

« Mon père est associé dans un cabinet d'avocats, un peu de pénal, beaucoup de droit du travail. Ma mère s'appelle Nathalie, elle est prof de lettres. Je n'ai jamais touché un violon et j'étais persuadé que le hockey nécessitait une patinoire.

– C'est pareil sur gazon. Sans les patins à glace.

– Ça a l'air super.

– Et le reste ?

– Quoi le reste ? "La sécurité avec Olivier" ? Je sais pas. Et pourquoi pas ? »

Il m'a ressorti son sourire de petit malin, a repris sa bière pour avoir quelque chose dans les mains et m'a proposé de le suivre à l'intérieur. Le pianiste continuait de dérouler sa prestation. Olivier a poussé la porte des toilettes. Il avait un gramme de cocaïne dans la poche de sa veste. Il a utilisé sa carte Orange pour tracer deux lignes sur l'abattant de la cuvette, a roulé une paille avec un ticket de caisse et m'a invitée à prendre la première. Je n'avais jamais vu de cocaïne. Je pensais qu'elle se prenait comme dans les films, en se collant le nez directement dans la poudre. Je tenais le ticket de caisse entre mes doigts, je fixais ces deux parallèles qui me semblaient aussi larges que des porte-avions, et je pensais à ma mère, à toutes ces phrases qu'elle avait prononcées dans mon enfance à propos des drogues « dures » et de ses amis jamais redescendus,

« restés coincés de l'autre côté ». Elle parlait des années 1970, des buvards de LSD, des acides, du peyotl et des amphétamines, mais tout de même, la cocaïne, ce n'était pas rien. Olivier a noté mon hésitation, il a demandé si je connaissais. Je me suis penchée en avant. Je me suis vue exécuter ce geste, l'aspiration, l'index sur la narine, comme j'aurais vu une actrice dans un film. Olivier m'a demandé de vérifier son nez. Ça allait.

« On y va ? j'ai dit. Sophie va nous chercher.

– Tu t'appelles comment ? il a demandé.

– Jessie.

– Tu me plais, Jessie. Je dois te l'avouer avant d'être trop bourré. »

Il a pris une seconde pour me regarder intensément. Il avait fait ce coup à d'autres filles avant moi, je le voyais dans ses yeux, et d'une certaine manière ça me faisait de la peine pour lui, mais ça fonctionnait, la déclaration, il fallait bien l'avouer.

« T'es super belle », il a ajouté.

Il m'a caressé la joue du bout des doigts et m'a embrassée. Je me suis laissé faire. J'ai senti sa main libre passer sous ma robe. Il s'est arrêté un moment sur mes fesses avant de dévier ma culotte pour atteindre mon sexe. J'ai senti son index. Il bougeait trop vite pour que le plaisir vienne mais ça m'excitait quand même. J'ai fait sauter sa ceinture. Son pantalon lui est tombé d'un coup sur les chevilles, comme un rideau au théâtre. D'un mouvement d'épaules, il s'est débarrassé de sa veste de costume et m'a prise debout contre le mur des toilettes. Ça a été brusque et bref. Je n'ai conservé aucune image de l'acte en lui-même, si ce n'est que j'avais été surprise qu'il soit physiquement capable de me porter comme il l'a fait pendant cinq minutes. Il s'est essuyé avec du papier toilette, a rajusté sa chemise et a ouvert la porte en me demandant de patienter un peu avant de faire de même. Je suis restée un moment assise sur la cuvette, cinq ou peut-être dix minutes, à me remaquiller en attendant que la gravité opère. Il ne s'était pas protégé. Je me souviens de l'amertume de la drogue et des picotements sur ma langue. Dehors, le pianiste avait disparu avec son trois quart de queue, laissant place à un DJ qui raccordait ses platines à une paire d'enceintes impressionnantes. J'ai vogué jusqu'au bar pour un deuxième verre et aperçu un groupe de mecs qui ricanaient en me dévisageant. J'ai fait un tour sur moi-même. La rumeur s'était répandue.

J'étais la salope qui venait de baiser avec Olivier dans les toilettes. J'ai traversé l'abbaye, cherchant Sophie du regard, espérant repérer le bleu nuit de sa robe dans la foule. Elle était assise sur un banc, à l'écart, près d'une fille aux seins énormes, comprimés par un bustier disgracieux. Je me suis approchée. Sophie pleurait. J'ai demandé à la fille de nous laisser. Elle n'a pas bougé. Elle a interrogé mon amie d'enfance avant de se tourner vers moi, et d'une voix posée, une voix de sage-femme, elle a dit « je pense que tu devrais y aller, ce serait mieux ». J'ai attrapé son bras et j'ai serré dans le muscle pour faire mal, en lui répétant de nous laisser. Elle s'est débattue, puis elle a demandé à Sophie si ça allait.

« Appelle-moi si c'est pas le cas. Je reste là, à côté. »

Sophie a séché ses larmes avec le dos de sa main et soufflé fort pour que la colère sorte.

« Qu'est-ce qu'il y a ? » j'ai demandé en sachant pertinemment ce qu'il y avait.

Elle a levé vers moi des yeux rouges et gonflés.

« On va s'arrêter là, Jessie.

– Arrête de dire ça. Pourquoi tu dis ça ?

– C'est trop dur d'être ton amie. »

Elle a soufflé à nouveau.

« Je te l'avais dit. Je t'avais dit "il y a ce garçon à l'école, Olivier, je l'aime bien". Mais non. Lui aussi.

– Attends, je savais pas. Je savais pas que c'était cet Olivier-là.

– Arrête. Tu savais. Tu joues la conne mais tu sais toujours.

– Je suis désolée, j'ai murmuré.

– Alors tout va bien, si tu es désolée. Rentrons boire un verre, comme deux vieilles copines. »

Elle a fait mine de se lever avant de se prendre la tête dans les mains. Il n'y avait rien à dire. Je voulais la serrer dans mes bras et l'emmener loin d'ici mais je n'avais pas le droit de faire ça, alors je suis retournée à l'intérieur, j'ai récupéré mon sac au vestiaire et j'ai marché en direction de la forêt pour m'éloigner de la musique. Je ne pleurais pas. J'avais mal au ventre et envie de mourir mais je ne pleurais pas. J'ai laissé la nuit m'avaler. J'ai marché longtemps. Les bois grouillaient de bruits inquiétants, mais je n'avais plus de raison de craindre quoi que ce soit, je les ai traversés sans me retourner. Au bout d'un très long moment, je suis arrivée à un carrefour. Une voiture, une Renault Nevada blanche avec un autocollant LA PLAGNE sur le pare-brise, attendait au feu rouge. De là où je me trouvais, je ne voyais pas le conducteur. J'ai pensé qu'avec mes talons et ma robe ras la chatte en bord de forêt, il devait me prendre pour une pute. Le conducteur a baissé sa vitre. C'était une femme, la soixantaine, des cheveux gris, filandreux.

« Vous allez où comme ça ? elle a demandé.

– Je cherche une gare. »

Elle s'est penchée pour ouvrir la portière passager. C'était une prof de danse classique, plusieurs paires de chaussons mélangeaient leurs rubans sur la banquette arrière. Elle sortait de son cours et rentrait chez elle, à Marly-le-Roi.

« Vous ne devriez pas prendre autant de risques, elle a dit sans quitter la route des yeux.

– Comment ça ?

– Faire du stop en pleine nuit. Vous êtes mignonne comme tout. Vous n'imaginez pas le nombre de tarés qui vivent dans les bois. »

J'étais trop lasse pour protester.

« Vous avez raison, j'ai dit. C'est juste ce soir. Parce que j'ai pas de solution. Mais je le fais jamais. Je suis pas le genre de fille qui finit dans un fossé.

– Les filles qui ont fini dans un fossé pensaient sûrement la même chose : Je suis pas le genre de nana à qui ça peut arriver. »

Elle n'a plus prononcé un mot. « Voilà, et faites attention à vous », elle a dit en ralentissant devant la gare. Le vent s'était levé. Je frissonnais sur le quai mais le train pour Paris est vite arrivé. Dans la rame, un type a changé de place pour venir s'asseoir en face de moi. Il a d'abord fixé le haut de mes cuisses sous ma robe argentée, avant de chercher mon regard et se mettre à me poser des questions de merde, comment je m'appelais, si j'avais passé une bonne soirée, est-ce que j'avais un mec, est-ce que ça me disait de faire la fête avec lui. Je savais répondre sans avoir l'air excédé, sans le prendre de haut ni le ridiculiser, et sans cette histoire avec Sophie, j'aurais sûrement été capable de le suivre, juste pour ne pas le contrarier, rester la fille polie qui dit oui. Il exhalait une odeur d'ammoniaque, de sueur et d'alcool mélangés, une odeur que je retrouve parfois en prenant place dans le bus ou dans une salle d'attente. Avant de descendre, il m'a quand même insultée – « sale pute », je crois – et j'ai poursuivi ma route jusqu'à l'appartement de mes parents. J'ai eu du mal à trouver le sommeil. Vers 4 heures, je me suis levée pour écrire une lettre à Sophie. Je me suis recouchée satisfaite et le lendemain, en la relisant, je l'ai déchirée. Je lui reprochais de n'avoir rien tenté avec cet Olivier, c'était indécent. À la place, j'ai attrapé un carnet et entrepris d'y noter mes promesses pour l'avenir. À compter de ce jour, j'allais tout changer. J'avais besoin d'y croire alors j'ai pris une décision radicale : j'ai marché jusqu'à la gare d'Aulnay et au guichet j'ai demandé un billet pour la destination la moins chère qui me permettrait de voir la mer. La dame derrière son micro m'a priée de répéter.

« Je veux voir la mer. Même une mer froide dans laquelle on se baigne pas, je m'en fiche, je pourrai au moins la regarder. »

La dame m'a jaugée en silence. J'ai dû lui faire pitié parce qu'elle a ouvert sa porte de service et m'a invitée à la rejoindre pour passer en revue ce qu'elle avait en magasin. Plus tard ce soir-là, j'ai rangé une petite enveloppe dans le tiroir de ma table basse. À l'intérieur, il y avait un aller simple pour Ychoux. Je n'avais aucune idée d'où pouvait se trouver Ychoux, mais la dame de la SNCF m'avait assurée que c'était la gare la plus proche de Biscarrosse. De là-bas, il me suffirait de monter dans une navette pour atteindre la plage. J'ai dit à mes parents que j'étais invitée dans la maison d'une copine de fac dont ils n'avaient jamais entendu parler. J'ai rempli un sac. Et deux jours plus tard, j'écoutais « Sensualité », Axelle Red, en regardant filer la campagne par la vitre du TGV. J'avais un peu de cash, de quoi tenir deux semaines, mais le but était de m'installer donc il me fallait un travail. Pour économiser, j'ai demandé à être hébergée dans l'hôtel des saisonniers. C'était un lycée agricole transformé en auberge de jeunesse. Les classes débordaient de lits superposés. Le carrelage glissait à cause d'un milliard de grains de sable. Ça sentait le linge mal séché. J'ai payé pour une nuit, j'ai jeté mon sac sur une couchette et je suis ressortie. Il faisait chaud, malgré le vent du large qui claquait dans les drapeaux. C'était l'ouverture de la Coupe du monde de football, la France affrontait l'Afrique du Sud. Je m'en foutais pas mal, mais la ville était tournée vers les écrans de télévision, alors je suis entrée dans un bar et j'ai fait comme tout le monde, j'ai bu un verre en essayant de me passionner pour l'événement. Les voix des commentateurs résonnaient étrangement au milieu des vieilles planches accrochées aux murs et des photos qui montraient des gloires locales en short fluorescent descendre des vagues comme des avalanches. Avant la mi-temps, un type a saisi le tabouret à ma gauche et m'a demandé si j'aimais le football. J'ai dit « non, je déteste », et ça l'a amusé, il s'est lancé sur l'équipe de France qui allait sans doute s'en sortir ce soir parce que l'Afrique du Sud, en dehors du rugby, c'était vraiment pas ça, mais ils n'avaient aucune chance de voir le bout de la compétition. J'ai opiné en silence, j'ai payé mes quatre centilitres et je suis rentrée à l'hôtel. J'ai repensé à ce type, un mois plus tard, allongée à l'arrière d'une Golf décapotable, un drapeau bleu blanc rouge sur chaque joue, hurlant à travers la ville qu'on était champions du monde.

Je m'étais bricolé un CV de serveuse, pompé sur la carrière de mon père : une première expérience dans un boui-boui d'Atrani, un été derrière le bar du Hard Rock Cafe, des extras chez Pizza Del Arte. J'avais tenté ma chance dans le plus grand restaurant de la ville, un restaurant de fruits de mer, en me disant qu'il y aurait sûrement une place à prendre, et c'était le cas, la fille qui devait gérer la terrasse leur avait fait faux bond. Le patron était un grand type avec un ventre énorme qui passait ses journées à reluquer les nouveaux modèles dans le catalogue BMW. Il avait la réputation de savoir ouvrir les huîtres à une vitesse extraordinaire et de piquer des colères monumentales. Le premier soir, j'avais serré les dents en priant pour que les pintes restent sur mon plateau, et j'avais fait l'affaire. Ce n'était pas sorcier. En moins d'une semaine, j'avais trouvé un logement, un travail, des collègues. J'étais fière. Mon plan fonctionnait.

Pour autant, je n'arrivais pas à oublier Sophie. Je rêvais d'elle. Je portais ma robe argentée et je tombais sur elle dans la rue principale, la rue piétonne qui débordait d'articles de plage. J'essayais de lui dire que ce n'était pas ma faute, que je ne l'avais pas fait exprès, que de toute façon c'était du passé. Je parlais, je parlais, je me grattais le dos à cause de la fermeture cousue de travers, je m'embourbais, je bégayais, je finissais par fondre en larmes, et au moment où j'avais besoin d'elle, au moment où j'avais physiquement besoin qu'elle me prenne dans ses bras, Sophie me dépassait et poursuivait son chemin, comme si elle ne s'était arrêtée à cet endroit que pour vérifier l'heure à son poignet, ou refaire son lacet.

Un soir d'orage, peu après le 15 août, on est venus à manquer de serveurs. Depuis le bar, j'observais ma terrasse qui vibrait sous des trombes d'eau. Je ne servais à rien alors je me suis proposée à l'intérieur. On m'a confié une table du fond, occupée par trois Russes qui riaient fort. Plateaux de Gillardeau, homards, vieux armagnacs, ils commandaient ce qu'il y avait de plus cher à la carte. À 2 heures du matin, le plus âgé m'a fait signe de lui apporter l'addition. Il y en avait pour plus de 5 000 francs. Il a réglé cash, et d'un geste il a signifié aux autres qu'ils avaient à s'acquitter du pourboire. Ils ont posé chacun un billet de 500 francs sur la nappe. J'ai souri. La bonne blague. « Pour vous », a insisté le vieux. Là-dessus, il s'est levé, les autres l'ont suivi jusqu'à la sortie et je suis restée bête devant les visages sévères de Pierre et Marie Curie. J'ai brandi les billets verts sous le plafonnier pour vérifier leur transparence. Je sautillais littéralement sur place. J'ai couru vers la cuisine pour l'annoncer aux autres, c'est là que le patron m'a interceptée.

« Mets-les dans la boîte, il a dit. C'est la règle. Les serveurs mettent en commun.

– Attendez, je suis pas comptée sur les pourboires de la salle, j'ai protesté. Si je mets ces billets dans la boîte, j'en verrai jamais la couleur.

– Peut-être, mais t'as les pourboires de la terrasse. Personne touche aux pourboires de la terrasse.

– En terrasse je sers que des demis et des cafés !

– C'est pas mon problème. »

J'ai fourré les 1 000 francs dans la poche de mon tablier et j'ai contourné le vieux qui me gueulait de rester là. J'ai traversé la cuisine, la plonge qui tournait dans sa vapeur brûlante et son odeur de cantine, puis la chambre froide et la salle des casiers. Un serveur, un gars du coin embauché à l'année, m'a présenté son dos le temps de déboutonner sa chemise. Il a demandé si je m'en étais sortie, avec mes Ruskofs. J'ai acquiescé, j'ai dénoué mon tablier, et quand je me suis retournée, le patron se tenait dans l'encadrement de la porte.

« T'iras nulle part », il a dit.

La même phrase. Les mains sur ma gorge.

« Laissez-moi », j'ai rétorqué.

Il m'a attrapé les poignets. Mon sac s'est renversé

sur le carrelage. Il l'a ramassé, a trouvé mon portefeuille et l'a balancé à l'autre bout de la pièce. Les billets de 500 étaient roulés dans la poche de mon jean.

« Ils sont où ? Tu les as mis où ? », il a gueulé.

Comme je persistais à lui dire de me laisser, il m'a tordu le bras. Je sentais le poids de son corps. J'avais peur du crac et de la fracture. Il a fini par comprendre que les billets étaient sur moi. Il m'a palpée de ses gros doigts abîmés par les écailles de poisson et les coquilles d'huîtres, a trouvé l'argent et m'a repoussée contre les casiers.

« Petite conne. Regarde-toi ! À quoi ça t'a servi, tout ce cinéma ? »

Il a quitté la pièce. Je sanglotais.

« Ils me les ont donnés à moi », je répétais, comme si quelqu'un en avait quelque chose à faire.

Le collègue m'a aidée à ramasser des pièces jaunes qui avaient roulé sous les meubles, puis il a récupéré son parapluie et m'a suggéré d'aller me coucher, ça irait mieux demain. Dehors, l'orage grondait, allumant la forêt de flashs aveuglants. Je me suis dirigée vers la plage. J'étais trempée. Je n'avais pas envie de rentrer. Je comptais les secondes entre l'éclair et le tonnerre en espérant être frappée.

Le lendemain, la femme du patron, une vieille aux cheveux gris coupés en brosse comme à l'armée, m'a signé un chèque amputé de mes heures supplémentaires. Je n'ai pas protesté. Je l'ai plié en deux et j'ai dit merci. Ensuite j'ai erré dans la ville, une heure, peut-être deux, jusqu'à tomber sur une cabine téléphonique. Je suis entrée. J'ai feuilleté le bottin au hasard, envisagé d'appeler d'autres restaurateurs, des cafés, des salons de thé, des campings plus éloignés, avant de renoncer et de téléphoner à la maison en PCV. Ma mère a décroché. J'ai bredouillé que mes résultats de partiels étaient tombés, j'avais une matière au rattrapage, il fallait que je rentre à Aulnay et que je me mette à réviser. Elle savait que je mentais. Les mères sentent ce genre de chose. Elle a dit « d'accord, pas de problème », et le soir même, elle m'attendait à la gare, au bout du quai, ce qu'elle n'avait jamais fait et ne ferait plus jamais. Les jours qui ont suivi, je suis restée dans ses jupes. Je l'accompagnais au marché, au centre commercial, je régressais. Mes journées se remplissaient de pas grand-chose, je pouvais rester des heures étendue sur mon lit, à écouter des chansons tristes de Ben Harper – « Walk Away », « Forever », en boucle, et l'essentiel de *Welcome to the Cruel World*, son album de 1994 – en fixant des imperfections dans le plafond, en appelant les larmes, en les priant de couler. Il fallait que je fasse quand même un peu semblant de travailler, alors j'ai fini par me traîner jusqu'au supermarché pour m'acheter des cahiers. C'est là que je suis tombée sur Sophie. Je portais le jogging Sergio Tacchini de mon frère et un sweat Minnie aux manches ridiculement courtes. Je n'ai pas eu le temps de me cacher.

« Salut », elle a dit.

Elle paraissait gênée, elle aussi.

« Salut, j'ai répondu.

– T'es rentrée ?

– Ouais. Il y a une semaine.

– Ta mère a croisé la mienne, ici. C'est elle qui m'a dit, pour les Landes.

– Ah. Je savais pas. Enfin, qu'elles s'étaient croisées.

– C'était cool ? T'es encore bien bronzée. »

J'ai relevé une manche et vérifié la jolie couleur dorée de mon avant-bras.

« Il m'en reste un peu. »

Un silence flottait entre nos deux corps. C'était à moi de parler.

«Je suis désolée, j'ai dit. Pour Olivier.»

Elle a balayé l'air de sa main.

«C'est rien. T'en fais pas. Il mérite pas.»

L'étau qui me comprimait les poumons a desserré ses mâchoires. Je voulais savoir s'il s'était passé quelque chose entre eux depuis mon départ, mais je n'ai pas eu le cran de poser la question, alors pour changer de sujet j'ai demandé si elle faisait le plein de cahiers pour sa rentrée, elle aussi. Elle a souri. Elle venait s'acheter un épilateur électrique. Elle décollait trois jours plus tard pour l'Argentine.

«Je pars un an. En échange.»

L'étau s'est resserré. J'avais fui en essayant de me convaincre qu'elle ne me manquerait pas, que je pouvais vivre sans elle.

«C'est une règle à Sciences Po, elle a précisé. En troisième année, on doit se trouver une fac à l'étranger. C'est une année pour du beurre. On fait surtout la fête.

– Ah, c'est génial. Tu dois avoir hâte.»

Je ne savais plus ce que je disais. Je perdais la seule personne qui me comprenait, et elle était heureuse de partir. On a continué de faire comme si on ne s'était pas fâchées trois mois plus tôt, on a déambulé au rayon papeterie, elle m'a conseillé un stylo qu'en tant que gauchère je pourrais utiliser sans m'en foutre partout, on est passées à la caisse et c'est une ancienne de l'école, Stéphanie, une gamine qui avait toujours eu l'air un peu triste, qui a encaissé nos courses. Elle avait pris beaucoup de poids, les traits de son visage survivaient sous la graisse, j'ai eu du mal à la reconnaître. « Je fais pas ça pour de vrai. C'est un job d'été », elle a tenu à préciser en nous rendant la monnaie. On n'a rien su dire. On s'est dirigées en silence vers la sortie, et une fois sur le parking, j'ai demandé en ricanant si par hasard elle n'aurait pas un peu grossi. Sophie avait l'air contrariée. « La pauvre, elle a dit, si ça se trouve, elle a une maladie. »

Je vous raconte ça pour que vous ayez une idée du genre de sève qui coule dans ses veines. Dire du mal d'un plus faible, elle n'en est pas capable. Elle ne se dit pas « oh la grosse vache que c'est devenu, elle a dû bouloter des Kinder comme une malade ». Non, elle se met à sa place. Elle se demande quel incident lui a coupé la route, et elle pense à un chagrin d'amour, un cancer, la perte d'un père ou d'une mère…

Avant que nos chemins se séparent et que je marche en direction de ma tour, Sophie m'a invitée à boire un Coca dans son jardin. J'avais un peu honte de me présenter devant ses parents dans cet accoutrement, je ne les avais pas vus depuis une éternité, mais j'y suis allée et sa mère a ri en déterrant une photo de nous deux prise à la fête de l'école, sur laquelle je portais déjà ce pull Minnie. J'ai dîné chez eux. On a bu du vin, entre adultes, je crois que c'était la première fois. Ensuite, Sophie a fait sa valise, on a promis de s'écrire, j'ai prononcé la phrase « je viendrai te voir », et j'ai repris la fac, j'ai validé mes semestres. Je suis revenue sur mes grands principes, comme quoi, moi vivante, jamais on me verrait devant une classe à faire la mariole pour 10 000 francs par mois.

On m'aurait dit à l'époque du collège que j'y passerais ma carrière, je me serais sans doute ouvert les veines. Et voilà. L'an prochain, ça fera vingt ans. On ne me remettra jamais la médaille Fields, mais les mathématiques m'ont aidée à sortir de ma vie. C'est une histoire de concentration. Seule à mon bureau devant une équation difficile, je sais que ma personnalité et mon passé ne me sont d'aucune utilité. La seule recette, c'est de se concentrer, faire le vide et sortir de soi pour aller se poser sur la lune ou n'importe quelle planète mentale dont je serais la seule à connaître le chemin. C'est un endroit secret où je progresse en confiance. J'avance, et au bout du chemin je rencontre la solution. C'est satisfaisant. Il n'y a pas de place pour le flou et l'interprétation. C'est juste ou c'est faux. J'avais besoin de ce cadre-là.

Le dépanneur avait raison. Encore une ou deux nuits et la lune serait pleine. Sa lumière tombait délicatement sur les hautes herbes, le Nissan et les champs derrière, étirant leurs ombres sur le bitume. Marco s'est orienté de façon à y voir assez clair pour effriter son shit. Comme un ouvrier sur une chaîne de montage, les gestes s'enchaînaient avec précision, sans qu'il ait besoin de les contrôler. Il a fermé le joint du bout de sa langue et l'a allumé en tirant comme sur un cigare, ou un calumet, par petites bouffées. Mon rôle de mère imposait que je l'empêche de s'empoisonner, mais j'avais lâché là-dessus, je l'avoue. Il a changé de main pour dévier les volutes chargées qui me brûlaient les yeux, et fumé en silence, avant de lancer un jeu sur son téléphone.

– Coupe le son, s'il te plaît.

Il tuait des zombies au fusil d'assaut.

– Tu vas encore te plaindre de la batterie, j'ai ajouté.

– Oh, c'est un truc de ouf, tu peux pas vivre sans moi ou quoi ? Oublie-moi.

Il a replongé dans son jeu. Je pensais à Jade. Je ne pouvais pas m'ôter l'idée qu'elle était peut-être au-dessus de la cuvette des toilettes, à vomir ses tripes pendant que mon fils défouraillait des zombies sur son portable.

– Tu l'aimes ? Jade. T'es amoureux d'elle ? j'ai demandé.

Il a appuyé sur PAUSE.

– T'en as pas marre de tes questions ? « Est-ce que t'es amoureux d'elle ? », il a répété en prenant un accent détestable. Plus personne dit ça. Elle me kiffe, je la kiffe, fin de l'histoire. Amoureux… Ça va, on est plus en maternelle. Tu dis ça toi ? Tu dis : « Je suis amoureuse » ?

– Oui.

– Ah oui ? De l'autre, là ? Eh ben putain…

J'ai insisté. C'était important. J'avais besoin de savoir. Il a fini par m'expliquer qu'il avait été attiré par Jade au lycée. Son père venait de mourir, un accident sur un chantier.

– Personne le savait, pour son père. Elle l'avait pas dit et elle pleurait pas, mais elle portait du noir. Que du noir. Au self, une terminale lui a lancé : « Oh, Mercredi Addams ! M'approche pas, j'ai de l'ail plein les poches ! », pour faire marrer les gens, tu vois. Et Jade, elle a pas répondu. Elle a laissé son plateau sur le rail, elle s'est avancée vers la fille, elle l'a attrapée par les cheveux et lui a collé le visage sur le carrelage. Devant tout le monde. Elle lui hurlait que son père était mort et que si ça lui chantait elle porterait du noir jusqu'à la fin de ses jours.

– Je savais pas.

– T'étais pas là. C'était un mercredi.

– Non, je veux dire, pour son père, je savais pas.

– Elle en parle pas. Même à moi, elle en parle pas.

– Et donc, c'est comme ça que t'es tombé amoureux. Parce qu'elle t'a impressionné.

– Je suis pas tombé amoureux, il a corrigé. Je l'ai rencontrée. Avant ça, je savais même pas qu'elle existait.

– Pourquoi c'est si difficile de dire que tu l'aimes ?

– Je sais pas. C'est juste que... Je l'aime bien. Mais je sais pas. Je crois que je serai amoureux le jour où je me marierai, tu vois. Faudrait que je sois sûr que c'est la bonne.

Il ne croyait pas en Dieu. Il se moquait du Coran en français que je lisais en cachette. Il se moquait en disant que si Dieu existait, il ne laisserait pas les hommes commettre toutes ces horreurs, et je ne le contredisais pas car j'avais moi aussi un doute à cet endroit. Marco se moquait mais il rêvait quand même d'un mariage à l'église. Une fille somptueuse fendrait la foule dans sa robe blanche, la traîne portée par des gamines mal assurées sur leurs jambes potelées, et depuis l'autel, dans son trois-pièces impeccable, il assisterait à la scène en se félicitant d'avoir su reconnaître son âme sœur, la mère de ses enfants, et je vous épargne les clichés du même genre.

– Toi, t'es tombée amoureuse à chaque fois ? il a demandé.

J'ai pris le temps d'y réfléchir.

– Ça va te paraître dingue, mais oui.

– À chaque fois, t'as cru que c'était l'homme de ta vie ?

– Presque tous, oui. Il y a eu Alex, dont je t'ai déjà parlé. Ensuite, Diego. Très gentil, très beau, mais il était dominicain donc il n'était pas fidèle…

– Tu m'étonnes. Diego, ça sent les emmerdes à plein nez. Jamais je fais confiance à un Diego.

– Je l'ai rencontré dans un restaurant chinois. Je dînais avec Sophie. Il me souriait du fond de la salle. Ça me gênait. J'étais pas du tout dragueuse, plutôt du genre à fuir. Au dessert, il s'est invité à notre table. Il s'apprêtait à rentrer au pays pour les vacances, et pendant le mois qu'il a passé là-bas, on s'est appelés tous les jours. Mamie m'avait trouvé un petit boulot à Bercy, au ministère des Finances, je passais mes journées au téléphone, à arpenter des kilomètres de moquette.

– Laisse-moi deviner : il n'est jamais revenu.

– Si, si, il est revenu. Je suis même allée l'attendre à Charles-de-Gaulle. J'étais dingue de lui. Je me disais, c'est le bon, tu l'as trouvé. Jusqu'à ce que je comprenne que je n'étais pas la seule.

L'attente m'avait poussée à fantasmer cette relation, allant jusqu'à imaginer la discussion que Diego et moi aurions avec nos enfants, le jour où ils nous demanderaient de leur décrire cette rencontre au restaurant. Il m'avait rapidement parlé de sa femme, et je l'avais haïe de toutes mes forces. Je m'étais vue la tuer. Carrément. Je savais où elle habitait, je savais où elle travaillait, je m'étais fait le film dans ma tête : je prends un couteau, je l'attends, je la plante. Aujourd'hui je me dis, la pauvre, elle n'était pas pire qu'une autre. Au dernier moment, je me serais sûrement dégonflée. J'avais trop de choses à perdre. Mais je comprends les gens qui passent à l'acte. Je sais que ça peut arriver à n'importe qui. Dans la version que Diego m'avait contée, il s'était marié parce qu'elle était tombée enceinte. Il s'était senti obligé. « Je pensais que l'amour viendrait, mais l'amour n'est pas venu, il me disait. Et maintenant, c'est autre chose, c'est de l'affection, je l'aime bien, je la sors de temps en temps. Tu vois quand tu promènes ton chien ? Eh ben, pareil. » Cet enfoiré… « Dans ce cas, c'est simple, tu lui parles de moi et tu la quittes. »

Il opinait du chef, mais il avait toujours une bonne raison de ne pas le faire, et je me suis retrouvée dans la pire des situations : il lui avait parlé de moi mais il ne l'avait pas quittée.

« Diego, tu veux que je te raconte le film ? Elle va aller chez le coiffeur, elle va sortir sa plus belle lingerie, voire peut-être même en acheter, elle va ouvrir ses fesses, elle va te sucer comme jamais elle t'a sucé... – j'aurais fait la même chose à sa place –,... tu verras, elle va se sentir en compétition avec moi et ça va l'exciter. » Un mois plus tard, il est venu me trouver avec un sourire grand comme ça. « Jessie, t'es un génie ! » Il m'a tout raconté. Les moindres détails. Comme si ça n'allait pas me toucher. Parce que là encore, je faisais mon indestructible, comme à l'école quand je répondais, mais je n'ai pas les épaules pour tenir. J'ai des élans de courage, des élans de femme forte, mais à un moment je m'écroule et la souffrance prend toute la place. Et sa femme, après, je l'appelais. Je l'appelais comme une petite fille qui veut être réconfortée par sa mère. C'est sans doute pour ça aussi que je voulais la tuer.

– C'est à cette époque que t'as été payée ? a lancé Marco.

– Comment ça ?

– Par un mec. T'as déjà été payée par un mec ?

Sa voix avait flanché sur la fin. C'était la voix d'un enfant qui avait hésité très longtemps au sommet d'un rocher, les épaules sèches et burinées par le soleil, avant de se jeter dans la rivière.

– Pardon ?

Il s'est énervé.

– C'est bon, je vais pas me répéter dix fois.

– Pourquoi tu me demandes ça ?

Il a arraché une touffe d'herbe entre ses baskets déglinguées, et son visage s'est mis à clignoter. Le dépanneur ralentissait à notre hauteur. Marco a baissé les yeux.

– Papa dit que t'as fait la pute.

J'ai eu du mal à déglutir.

– Il a dit ça ?

– Il dit qu'il n'a pas de leçons à recevoir d'une fille qui a fait le trottoir. C'est ce qu'il dit. C'est vrai ?

Le type a sauté de sa cabine et s'est excusé pour le retard. Il avait la trentaine, des cheveux blonds coupés court et un sourire de vainqueur.

Avant cette nuit, cette nuit de fuite à l'est, je m'étais raconté que Marco était trop petit et qu'il serait bien temps, un jour, de lui avouer la vérité. Le problème avec les enfants, c'est qu'on cligne des yeux et il est trop tard.

À l'âge de 10 ans, alors qu'on se tenait au sommet des escalators de la Fnac de Parinor, j'ai lancé à ma mère : « Tu te rends compte, maman, que l'homme de ma vie, il est là, quelque part ? » Ça me rend triste d'y repenser. C'est elle qui me l'a mise dans le crâne, cette sale idée. Elle, Andersen, Perrault, Walt Disney, et tous les conteurs d'histoires de filles sauvées par l'homme qui allait donner un sens à leur existence. C'est absurde mais je l'ai encore, ce foutu rêve d'une moitié de moi-même qui serait là dehors, à m'attendre, et quand je regarde la catastrophe qu'a été ma vie amoureuse, je ne peux m'empêcher de penser que ça aurait été moins chaotique sans cette obsession pour le prince charmant. On ne peut pas dire que j'ai manqué de prétendants, mais je les ai ignorés, pour la plupart. Ce que je voulais, c'était qu'un homme désintéressé tombe amoureux de moi. Je voulais vivre ce réveil. Pendant longtemps, je me suis rassurée en me répétant qu'ils ne me connaissaient pas, qu'ils n'avaient pas pris le temps de savoir qui j'étais vraiment, qu'ils passaient à côté d'une fille extraordinaire. Tout en étant brisée de l'intérieur, je conservais un niveau de narcissisme et de schizophrénie qui pouvait tenir dans cette conviction : « Si je n'étais pas moi, je tomberais amoureuse de moi. »

Il y a un écrivain que j'aime beaucoup, Luigi Pirandello. En France, personne ne le lit plus depuis longtemps mais en Italie, au-delà du fait qu'il était pro-Mussolini, il est resté célèbre. Dans son livre *Uno, nessuno e centomila*, il y a un passage très drôle où il écrit qu'il est jaloux de lui-même. Il dit quelque chose comme : « Ma femme un jour m'a pris dans ses bras et je me suis senti mal à l'aise, comme si je la voyais enlacer un autre homme. »

C'est tordu mais je comprends tout à fait. Un peu comme Virginia Woolf, avec sa Mrs Brown. Je ne suis pas une grande lectrice, pas du tout, mais à une époque j'ai eu des complexes littéraires. Woolf, j'avais découvert son existence en déchiffrant son nom sur la peau d'une collègue, une prof d'anglais, une lesbienne qui me fascinait. Le tatouage courait à l'intérieur de son bras, du coude au poignet. «C'est une ex à toi?», je lui avais lancé, et j'aurais pu lui demander si elle avait entendu parler de la Seconde Guerre mondiale qu'elle n'aurait pas été plus étonnée. Le lendemain, j'avais acheté *Les Heures*, la bio de Woolf par cet auteur américain, Cunningham. Tout ne m'avait pas passionnée mais j'avais ressenti le besoin de rencontrer cette femme, de lire ses romans, de la comprendre, et sans m'en rendre compte, j'ai pris l'habitude d'avoir un livre en cours, une voix qui m'accompagne. Récemment, j'ai découvert Nellie Bly. Une journaliste du dix-neuvième qui, pour se faire interner dans un asile psychiatrique, s'était entraînée toute une nuit à fixer son reflet dans le miroir sans cligner des yeux, avant de se présenter à l'hôpital et déclarer très sérieusement à la personne chargée de l'accueil que ses meilleurs amis étaient des troncs d'arbres. Elle avait tenu dix jours à l'intérieur, folle parmi les folles, avant de rentrer au journal et raconter les conditions épouvantables subies par les malades. C'est étrange, mais moi aussi, dans certains milieux, j'ai eu l'impression d'évoluer comme une infiltrée, une écrivaine ou une journaliste.

J'ai eu une histoire à Saint-Martin avec un garçon, Manuel. Il m'avait emmenée faire la tournée des bars de strip-tease dans la partie hollandaise de l'île, celle qui est pourrie jusqu'à la moelle, là où tout le monde blanchit son fric. Le club s'appelait Le Crystal, avec un Y, ça m'avait marquée. Je me suis faufilée dans les vestiaires, je me suis déshabillée et j'ai défilé. Pour le podium, pour les regards, pour l'expérience. Les mecs hurlaient comme des bêtes. J'ai ondulé dix minutes autour de la barre de pole dance, et j'ai tiré ma révérence. Dans les loges, après, j'étais assise à côté de cette fille magnifique, une Lituanienne qui envoyait la moitié de sa paye à ses enfants restés au pays. C'était sa propre mère qui les élevait. Ils lui manquaient, évidemment, mais elle arrivait à leur parler au téléphone, tard le soir à cause du décalage horaire. Contre le miroir de sa coiffeuse, elle avait un album, rempli de photos de ses gamins au parc, à la ferme, assis avec un goûter devant les dessins animés. Plus elle parlait et plus j'avais l'impression qu'elle se chuchotait, pour elle-même, « ne t'inquiète pas, tout va bien ». En quittant sa loge, j'ai cherché Manuel au bar, aux toilettes, partout, avant de réaliser que sa voiture avait disparu du parking. C'est cette Lituanienne, j'ai oublié son prénom, qui m'a raccompagnée.

Manuel, je l'avais rencontré à Paris, dans le milieu de la salsa. À l'époque, tout le monde pensait qu'il était gay : la peau claire, les sourcils épilés, très efféminé, il portait de grandes jupes, des kilts, il dansait comme un dieu mais il dégageait en même temps quelque chose d'hyper viril qui vous mettait le doute. En réalité, il se les faisait toutes. Je l'aimais beaucoup. Avant les soirées, j'allais le chercher chez lui, dans le 91, avec ma petite Opel Corsa. À côté de la danse, il était CRS et champion de krav-maga. Une nuit, des types nous ont coincés à un arrêt de bus, en haut de la rue de Belleville. Le plus nerveux, celui qui parlait, a exhibé un couteau de cuisine. Je me souviens de sa main serrée sur le manche, et de la blancheur de la lame en céramique. Manuel l'a mis K.-O. tout de suite. Cette nuit-là, on a couché ensemble pour la première fois, et dans les semaines qui ont suivi, j'ai eu envie d'être tout le temps avec lui. J'ai cru qu'on formait un couple, jusqu'à ce qu'il me propose de le rejoindre rue de Charonne, un soir, dans une fête avec ses copains brésiliens. Tous des danseurs avec des corps incroyables. Je m'étais dit, ça va être sympa, tu vas avoir ta petite cour autour de toi. Mais quand j'arrive dans l'appartement, il y a un film de cul qui tourne sur l'écran plat, ils sont une dizaine dans le salon, certains sont déjà en train de se toucher sur le canapé… J'étais terrorisée mais trop fière pour le montrer, alors j'en faisais des caisses dans le sens inverse. Ça les paralysait. Au bout d'une heure, je leur avais lancé : « Vous m'appellerez quand vous banderez ! », mais dans la rue, juste après, j'en ai chialé tout ce que je pouvais. Elle a raison Despentes, les hommes s'aiment, ils se baisent à travers les femmes et quand ils supporteront de se faire enculer, ils n'auront plus besoin de nous. Combien j'en ai connu, des mecs en fusion avec leurs potes, amoureux les uns des autres ? Manuel, c'était ça.

Quand je l'ai retrouvé à Saint-Martin, il avait quitté la police pour devenir moniteur de plongée.

Son job consistait à emmener les touristes au large pour leur offrir un quart d'heure avec une baleine à bosse. Quand les baleines se faisaient rares, il se rabattait sur les dauphins ou les tortues. Ça avait dû lui paraître incroyable au début, mais à force il s'était lassé. Voir une tortue émerger du corail, ça ne lui procurait pas plus d'émotion qu'un pigeon qui s'ébroue dans le caniveau. Il m'hébergeait le temps des vacances, et le contrat implicite, c'était que je lui prête mon corps en échange d'un toit. Bien sûr, c'était n'importe quoi, mais le sexe n'avait déjà plus rien de sacré à mes yeux, et ces plans bancals me confortaient dans l'idée que j'étais spéciale. Avec Manuel, ça a dégénéré à cause de Johnny Hallyday. Il n'était pas encore mort. J'avais acheté son livre à l'aéroport. *Dans tes yeux*, ou *Dans mes yeux*, quelque chose comme ça. J'avais bien aimé, et à table, pour faire la discussion, j'avais lancé le sujet, en disant que Johnny avait quand même eu une vie incroyable et qu'il n'était pas impossible que Laeticia l'aime d'un amour sincère. Manuel s'était mis en colère. Il avait l'air de détester cette femme pour une bonne raison. Au bout d'un moment, il s'est levé et m'a hurlé dessus : « Putain mais c'est pas possible d'être aussi conne ! Demain je te mets dans le premier avion ! » J'ai cru à une blague, je crois même avoir souri, avant de réaliser qu'au-delà de l'alcool qui lui jaillissait des yeux, il était sérieux. J'ai pleuré toute la nuit, je me suis excusée, je l'ai supplié à genoux de me garder auprès de lui. Aux aurores, sans faillir, il a jeté mon sac à l'arrière de sa Clio et m'a abandonnée devant l'aéroport. L'hôtesse a mis les formes pour m'annoncer que mon billet n'était pas échangeable et que le prochain vol pour Paris allait me coûter 700 euros. J'essayais de respirer par le ventre. J'ai payé, je me suis traînée avec ma valise jusqu'à la porte d'embarquement et j'ai repris mon poste en lycée.

Sophie devait se marier peu de temps après. Elle avait 24 ans. On avait 24 ans. Je n'avais pas été la voir à Buenos Aires et n'avais vu Rodrigo, son futur mari, qu'en photographie. Une gueule d'ange avec des boucles brunes, très serrées, qui devait appartenir à une famille de la haute parce qu'il jouait au polo et tout le monde chez lui parlait français. Rodrigo avait offert de me payer le billet pour assister à leur mariage, un aller-retour, trois jours sur place. J'aurais aimé accepter et faire la fête, tout oublier, mais j'étais trop déprimée. Je cherchais une excuse pour ne pas y aller quand Sophie m'a appelée. Il était 3 heures du matin. Elle avait composé le fixe de mes parents parce que c'était le seul numéro qu'elle connaissait par cœur. J'avais dîné avec mon père, ce soir-là. Il s'était couché tôt et j'avais cherché le sommeil en m'abrutissant devant la télé. Quand le téléphone avait sonné, j'avais décroché sans y penser, et il m'avait fallu un moment avant de reconnaître sa voix derrière les sanglots. Rodrigo la trompait. Elle n'avait pas de preuve mais elle le savait. « Ne viens pas, elle disait, il n'y a plus de mariage, il n'y en aura pas. Je ne peux pas. Si je le fais, je serai comme toutes ces femmes qui prient pour que les tromperies ne soient que des passades. » Je l'écoutais me décrire les petits mensonges, les incohérences, les dénégations et la folie qui s'emparait peu à peu de son cerveau parce qu'elle finissait par se demander si ce n'était pas elle, le problème, elle qui ne savait pas faire confiance. Rodrigo m'était totalement étranger mais j'avais l'impression de le connaître. J'avais rencontré ses frères, ses cousins, ses amis, couché avec ses clones.

À plusieurs reprises, la voix de Sophie s'était brisée au milieu d'une phrase et elle s'était laissée pleurer. Elle l'aimait. Elle n'avait jamais aimé comme ça. Il était possible de pardonner. C'était peut-être à cet endroit que naissait l'amour, d'ailleurs, quand les choses se compliquaient et qu'il fallait prouver qu'on tenait à l'autre, qu'on était capable de comprendre ses minables petites erreurs d'être humain. Ça coupait. Je rappelais. Une opératrice des télécoms argentins me priait en espagnol de bien vouloir patienter, mon correspondant n'allait plus tarder. Sophie demandait quelle heure il était. « Ici, 5 heures », je disais en vérifiant sur la télé, et elle riait en m'imaginant le téléphone à l'oreille, emmitouflée dans le duvet Decathlon ouvert en couverture qui traînait toujours sur le canapé. Dans un silence, elle a dit « Tu me manques. Tu peux pas imaginer le bien que ça me fait de t'entendre », et j'ai failli me mettre à pleurer. 11 000 kilomètres et des milliards de litres d'océan nous séparaient, mais j'avais l'impression de lui parler à travers une cloison. Elle a demandé si j'avais quelqu'un. « Non, j'ai dit, en passant sous silence toutes les histoires qui me tournaient autour, en orbite, comme des satellites. Je sais pas si je manque de chance ou s'il y a quelque chose chez moi qui les attire, mais je tombe que sur des connards. » Elle n'avait pas besoin de détails. Elle comprenait. Un peu après 6 heures, j'ai marché jusqu'à la fenêtre pour lui décrire l'aube qui se levait au loin, derrière Sevran, reflétant sa chaleur dans le canal de l'Ourcq. En retour, elle a approché le combiné de son lecteur CD, et a lancé la chanson qui l'obsédait à ce moment-là : « Todo cambia », de Mercedes Sosa. « Tout change ». On l'a écoutée religieusement, jusqu'au bout, et quand la chanteuse s'est éloignée du micro, Sophie a dit : « J'y vais. Je t'aime. » J'ai raccroché à mon tour. J'avais l'oreille chaude. J'ai reposé le téléphone sur son socle. La batterie était presque morte. Je suis restée un instant à la fenêtre, à regarder les avions décoller du Bourget. Je me demandais si Sophie allait se marier, et au moment où je me suis laissée retomber sur le canapé, j'ai reconnu le bruit métallique du rasoir de mon père, dans la salle de bains.

Je n'avais pas réussi à dire à Sophie que ça n'allait pas. De là où elle était, qu'est-ce qu'elle aurait pu y faire ? J'avais besoin qu'on m'éloigne des hommes qui voyaient clair en moi, qui sentaient ma fragilité, qui me choisissaient à cause d'elle, comme une bête blessée, un zèbre boiteux ciblé par la meute en queue de troupeau. Je m'en rendais compte toujours trop tard, après une période humiliante au cours de laquelle je m'accrochais à eux comme une malade. C'est d'ailleurs en cherchant à revoir Manuel que j'ai rencontré la personne qui allait changer ma vie. Je m'étais souvenue qu'il se faisait épiler le torse chez une certaine Shéhérazade, et le mince espoir que je tombe sur lui dans la salle d'attente avait suffi pour que je prenne rendez-vous. Situé dans une impasse, cité Voltaire, l'institut était géré par une patronne qui était également la seule employée, une Marocaine aux cheveux très noirs, lissés au fer. J'ai sonné, je suis entrée, j'ai donné mon nom. Elle a dû identifier quelque chose chez moi, une hésitation, un flottement, parce que avant que je me déshabille, elle a demandé si je cherchais du travail.

« Non, non, pas du tout. J'ai déjà un travail, j'ai dit.

– J'ai besoin de quelqu'un pour m'aider avec les massages », elle a ajouté sans cesser de me fixer.

J'avais une sensation de *déjà-vu*, la certitude d'avoir vécu la scène dans une autre vie et de pouvoir à l'avance prononcer tous les mots qui suivraient. Je n'ai rien dit pour autant. Je l'ai laissée m'interroger avec ses grands yeux :

« Vous savez ce que je fais, ici ? »

Je pensais le savoir. En réalité, Shéhérazade pratiquait des massages « sensuels », comme le mentionnait la petite annonce qu'elle faisait paraître dans *La Vie parisienne*, une revue érotique. Son salon ressemblait à un institut de beauté tout ce qu'il y a de plus classique, et d'ailleurs les deux plus grandes salles au rez-de-chaussée servaient essentiellement aux séances d'épilation. Mais la troisième, près de la caisse, était dédiée à des clients qui recevaient tous la même prestation : un massage à l'huile chaude avec finition. Ce qui, concrètement, se traduisait par une masturbation avec un gode dans le cul. J'ai accepté. Un peu par curiosité, et beaucoup parce que je ne savais plus dire non. Je n'étais pas une bonne masseuse. Cela n'avait aucune importance. Shéhérazade ne m'avait pas recrutée pour satisfaire ceux qui voulaient un massage dans les règles de l'art. C'était tacite. Je descendais doucement, je les prenais en main, je m'exécutais. Je ne peux pas dire que j'ai aimé ça. Les clients ne m'excitaient pas. J'y allais avec mon orgueil. Je me disais, tu ne vas pas te laisser impressionner, mais je n'étais pas comme un poisson dans l'eau. En même temps, comme il n'y avait pas un seul endroit sur terre où je me sentais comme un poisson dans l'eau, je tentais des choses. J'avais été violée, ça faisait cinq ans, j'avais collectionné les expériences traumatisantes, et mon corps n'avait plus tant d'importance. La sexualité, dont je m'étais fait une montagne à l'adolescence, était devenue quelque chose de banal. Je baisais sans y penser. Pour autant, je continuais de croire en ma bonne étoile. La roue allait tourner. Il suffisait de dire oui à tout ce que le destin pouvait mettre sur mon chemin.

Quelques mois plus tôt, j'avais essayé l'amour libertin. J'avais rencontré cette femme aux pommettes saillantes et au nez refait, qui m'avait invitée dans son bel appartement avec vue sur la Seine, à une soirée où devait figurer un écrivain célèbre. Je l'ignorais mais j'étais son cadeau, à l'écrivain. À la réflexion, j'étais sûrement la seule autour de la table à ne pas le savoir. Pendant le dîner, il avait pris des airs sérieux en s'écoutant parler, comme s'il cherchait à se séduire, ou à se convaincre qu'en effet, il était de la trempe des grands hommes, ceux que les femmes entraînent dans leur chambre après le dessert. Il ne m'avait pas regardée une seule fois, pendant l'acte. Il s'était essuyé avec le drap et avait quitté la pièce sans m'adresser la parole, me laissant là, comme morte. Je ne savais pas si j'avais le droit de rester dormir. Je n'avais pas osé prendre de douche. J'avais marché sous la pluie jusqu'à Saint-Michel, et dans le premier RER, celui des femmes de ménage et des sans-papiers, je n'arrivais pas à me départir du sentiment d'avoir été prise pour une conne. Mais les jours étaient passés, la honte avec, je n'en étais pas morte et j'avais continué de me chercher, sans faire confiance à mon instinct car je savais à présent qu'il était vraiment pourri, mon instinct.

À l'institut, entre midi et deux, je voyais défiler des cadres en costume-cravate et des mecs des cités de Montreuil, des Lilas, de Bagnolet. Ça ne m'étonnait qu'à moitié, tous ces jeunes en survêtement qui venaient se prendre un gode dans le cul, parce qu'il m'était arrivé d'accompagner un copain d'Aulnay, Rachid, à des soirées « orientales » exclusivement gay. Je les avais vus, tous ces petits mecs, banane Lacoste en bandoulière, débarquer la dalle au ventre à la recherche d'un plan à 4 heures du matin.

Un soir, avant d'abaisser son rideau de fer, Shéhérazade m'a désigné le grand paillasson, dans l'entrée. « Soulève-le. » J'ai eu du mal, il était lourd, lesté de poussière. Dessous, il y avait une trappe. Et sous la trappe, un escalier qui menait à un donjon. Shéhérazade m'a invitée à descendre. J'ai hésité. Un poteau de flagellation se dressait au pied de l'escalier. Le plafond était parcouru de cordes et de poulies. Des chaînes, des bâillons, des corsets, des pinces, des menottes, des dizaines d'ustensiles pendaient aux murs. Je ne connaissais pas la moitié de ces objets. Ils ne m'ont pas effrayée, pas vraiment. Disons qu'une partie de moi avait envie de partir en courant, et une autre voulait apprendre à les utiliser. Ils confirmaient ce que j'avais senti chez Shéhérazade. Toute cette violence. Elle m'a observée faire le tour de la pièce en silence. Je me suis approchée d'un fouet. J'ai passé mes doigts sur le cuir torsadé.

« Tu veux apprendre ? elle a demandé.
– Je ne sais pas.
– Bien. On verra ça demain. »

Elle a posé son pied sur la première marche, on est remontées à la surface et je suis rentrée chez moi. J'ai eu du mal à trouver le sommeil. J'étais consciente que rien n'était normal dans ce qu'il m'arrivait depuis que j'avais rencontré cette femme, et que l'option la plus sage était la démission. Mais au réveil, j'ai eu envie de soulever le paillasson et de parcourir cette pièce à nouveau, de la visiter comme on visite un appartement. Je suis venue après les cours, sans prendre le temps de poser mes copies à la maison. Shéhérazade m'attendait avec deux DVD qu'elle avait gravés elle-même, son écriture maladroite s'étalait au marqueur vert sur les faces. « Prends le temps de les regarder chez toi, au calme. » C'étaient des films japonais tournés à la pellicule, il y avait du grain dans l'image. Le premier enseignait les techniques de bondage et le second, dépourvu de traduction, se concentrait sur les rapports de domination.

Je ne me reconnaissais pas là-dedans, mais j'étais curieuse, je ne pouvais pas m'empêcher de penser que j'étais peut-être faite de ce bois-là et que je n'en savais rien. On ne peut pas savoir si on aime avant d'avoir goûté. Shéhérazade m'a prise sous son aile. Elle m'a offert de nouveaux habits, elle a fait de moi son apprentie. Je venais sur mon temps libre, après les cours. Elle me préparait dans la salle de bains de son appartement, deux étages au-dessus de l'institut. Elle était très souvent en rouge et noir, elle, mais il lui arrivait d'enfiler du rose et de jouer à la petite fille, elle avait ses phases.

Les premières fois, j'ai eu du mal à comprendre ce qu'on attendait de moi. Il fallait que les mecs bandent, donc j'étais sexy pour ça, mais ils avaient interdiction d'éjaculer. Je devais les punir si ça arrivait. La plupart d'entre eux venaient se faire insulter, attacher, cravacher, le cliché que tout le monde connaît. Ceux-là, Shéhérazade les appelait « les faux soumis », parce qu'ils assouvissaient un fantasme mais ils ne voulaient pas se faire dominer *pour de vrai*. Ils m'appelaient « Maîtresse Julia ». C'est mon troisième prénom, Julia. Je trouve qu'il me va mieux que Jessie et c'est celui de mon arrière-grand-mère, celle qui avait fait fortune. Je ne l'ai pas connue mais j'ai l'image d'une femme forte, qui a su se faire respecter dans un monde où elle n'avait pas le droit de vote. Son prénom, je l'enfilais en arrivant, comme un costume. Julia n'avait rien à voir avec Jessie. Julia n'était pas abîmée. Julia n'avait peur de rien. Julia était autoritaire, cassante et extrêmement sévère. Julia ne se laissait pas marcher sur les pieds. Mais Julia avait la haine des hommes et des envies de meurtre, et la raison pour laquelle je n'ai pas réussi à étrangler des clients à l'institut, des mecs qui pourtant me le demandaient, qui me disaient «vous pouvez y aller», c'est que les hommes que je voulais assassiner, c'était pas eux.

Je portais des mules, des chaussures à talons, ouvertes devant et derrière. «Pas de lanière, pas d'attache, répétait la patronne. Contrairement à eux, tu es libre.» Les miennes étaient en vinyle rouge, je les avais fait doubler de fer. Pour attirer un homme, je n'avais qu'à faire claquer mes talons: *clac-clac*. J'aimais les voir ramper. M'obéir sans qu'un seul mot ne soit prononcé. À force, j'ai senti que j'allais mieux, j'étais plus solide, plus épaisse. Je m'en rendais compte à des petits détails du quotidien: ma voix qui avait changé, la confiance qui revenait. J'osais m'opposer à un prof écrasant en conseil de classe. Julia empiétait sur Jessie. J'avais besoin de son armure au quotidien alors j'en gardais pour l'extérieur. Une veste en cuir. Une jupe fendue. J'enfilais mes bas résille le matin avant d'aller au lycée, et j'avais la voix de Shéhérazade qui résonnait dans ma tête : « Tout ça, c'est l'écrin, c'est ce qui permet au bijou de briller. Et le bijou, c'est toi. » M. Chevrier, mon proviseur adjoint, avait attendu quelques semaines avant de me convoquer dans son bureau. Je le revois, tout timide au milieu de ses dossiers, étranglé par sa cravate.

« Madame, je sais que ça se passe bien avec les élèves, aucun problème de ce côté-là… Mais est-ce que vous pourriez penser à… Enfin, la tenue, je veux dire… Peut-être que…

– Non.

– Pardon ?

– Non. Si vous me demandez de me changer, c'est non. Je me fais un devoir de montrer aux jeunes filles de cet établissement qu'elles peuvent s'habiller comme elles veulent et se faire respecter.

– Ah… Mais… Parce qu'il nous est revenu que… vous vous mettiez du vernis en classe…

– Oui, pendant un contrôle la semaine dernière, j'ai mis du vernis sur un ongle cassé pour le renforcer. Je ne trouve pas que ce soit pire que les collègues qui fument à la fenêtre pendant la pause. Qui donne le mauvais exemple ? Vous voulez quoi ? Que je lise un livre pendant mes contrôles ? »

Je n'étais pas payée pour la domination, mais je m'en fichais, je prenais de l'énergie, c'était comme une thérapie. Les fins de mois, Shéhérazade me dépannait de quelques billets. Elle était généreuse. Une fois, un type m'a crevé les quatre pneus du Nissan, elle m'a filé 600 balles. Quand elle voyait que j'étais vraiment mal, elle m'invitait à dormir chez elle, comme une copine. Un soir, elle a ouvert une bouteille de vin et s'est laissée aller. Elle ne s'appelait pas Shéhérazade, mais Selma. Elle était née au Maroc, une famille nombreuse, au moins dix gosses. Les parents l'avaient donnée à des Français. Ça s'était mal passé. La DDASS l'avait récupérée. Il y avait eu de mauvaises rencontres, beaucoup de familles d'accueil, les gens s'étaient passé le mot pour lui faire du mal, alors à 16 ans elle avait décidé de survivre seule. C'était une femme autoritaire avec une dureté naturelle dans le regard, mais dans la minute elle vous donnait un aperçu de la petite fille qu'elle était encore. Elle suçait son pouce devant la télé et croyait au prince charmant.

Shéhérazade avait plusieurs « esclaves ». Je n'aime pas ce mot, il est indécent pour ceux qui subissent vraiment l'esclavage, mais elle les appelait comme ça pour les distinguer des « faux soumis » qui me demandaient de m'asseoir sur leur visage. Elle avait un esclave pour tout ce qui avait un rapport à l'informatique, un autre qui faisait le ménage, et le top du top, son esclave ultime, c'était « le chien ». Il lui avait été offert par une dominatrice brésilienne qui rentrait au pays pour ouvrir son domaine, elle ne savait plus quoi en faire. Shéhérazade ne considérait pas le chien comme un client. Il n'y avait pas d'échange d'argent. Il venait à l'appartement, jamais à l'institut. La première fois que je l'ai vu, on dînait chez elle, un poulet rôti, en tête à tête. Il a sonné à l'interphone, elle lui a ordonné de se déshabiller, et sans interrompre notre conversation, il s'est mis à quatre pattes, son collier autour du cou, à ronger les os qu'elle lui jetait sous la table. C'était un bel homme. Bien bâti. Toujours en costume. Je pense que je me serais retournée sur lui dans la rue, mais je ne l'ai jamais vu en dehors de l'appartement, où il était nu. Dans la vraie vie, il était salarié d'une multinationale à La Défense, responsable de la sécurité des biens et des personnes. Pas de femme, pas d'enfant. Tout son argent il le donnait, il vivait de rien, comme un moine. Je n'ai jamais su comment il s'appelait. Je ne l'appelais pas. Shéhérazade disait «le chien», moi je disais «tu», parce qu'au final je le respectais.

Il m'a appris à me «charger les mules». Je m'accroupissais sur son torse, avec le poids du corps dans les chaussures. Il contractait ses abdos en émettant des grognements, et toute sa force, il me la transmettait à travers les talons. Je pompais son énergie, un peu comme dans *Space Jam* quand les stars de la NBA se font aspirer leur talent par les extraterrestres. «Sois prudente ce soir en voiture, m'avertissait Shéhérazade, t'es chargée en électricité, tu vas t'attirer plein de trucs.» Je le suçais de temps en temps, aussi, non pas pour son plaisir – moi en bas et lui qui contrôle – mais comme un vampire, pour lui voler sa sève. On a progressé comme ça, par étapes, jusqu'au jour où il m'a demandé de l'utiliser comme toilettes humaines. J'ai refusé. Je pensais à Pasolini et ses cercles de l'enfer: la passion, la merde, le sang. J'avais vu l'exposition à Beaubourg et j'étais sortie avant la fin. C'était trop pour moi. J'étais une fille bien élevée, chier dans la bouche des gens, on ne fait pas des choses pareilles. Mais il était demandeur. « J'arrive à me transcender si je sens que ça vous met dans un état second », il me disait. Alors je cérébralisais en me racontant qu'il était mon chevalier et que j'allais pouvoir mesurer sa bravoure : des épreuves se dresseraient sur sa route, le dragon à terrasser. J'avais beau le chasser de mon esprit, Pasolini revenait sans cesse : le sang, la merde, le sang, la merde. Je n'étais pas assise sur lui, mais sur un tabouret en bois, assez moyenâgeux, avec un trou au milieu. Le contact physique venait après, quand il me nettoyait. Il se désinfectait avec des alcools à boire dans un ordre bien précis. Je me souviens de la bouteille de kirsch et des cerises sur l'étiquette. Il faisait ce que je voulais. Il se serait coupé un doigt si je le lui avais demandé. Par ailleurs, c'était un puits de science. Une intelligence supérieure et une culture générale ahurissante. Ça m'a fait bizarre quand les assistants personnels sont arrivés sur le marché parce que je m'en servais de la même manière : « OK Google, dis-moi qui a inventé la péridurale ? Le moteur à explosion ? » Ce n'était pas un ami, on n'avait pas ce genre de relation, mais on discutait, il se confiait. La téléréalité le terrifiait. « Il faut être fou pour vouloir être connu, il disait. Quelle inconscience de se livrer au regard des autres et à leur jugement… » Un jour, j'ai osé lui demander pourquoi il était *comme ça*. J'ai senti une hésitation, le temps peut-être de sortir de son rôle et d'oublier le collier de cuir qu'il s'était attaché deux heures plus tôt autour du cou.

« J'ai grandi en Afrique du Sud, il a dit avec un fond d'accent. Ma mère s'est suicidée quand j'avais 7 ans. Mon père, un colonel de l'armée, s'est vite remarié. Moi, je voulais mourir. C'est ma belle-mère qui m'a trouvé dans la salle de bains. Elle m'a ranimé. Et dans sa mystique à elle, il y a une règle : si tu sauves un être humain, sa vie t'appartient. »

Sa belle-mère avait entrepris de le dresser. D'abord en l'invitant aux toilettes quand elle faisait ses besoins, pour l'habituer à son odeur, puis en lui expliquant qu'il devait être extrêmement fort à l'extérieur, sinon sa soumission n'avait aucune valeur.

Parfois je lui lançais « arrête de penser ! », parce qu'il avait une façon de me regarder par en dessous qui me faisait douter de mon autorité, mais je savais qu'il était libre de penser ce qu'il voulait. Je ne le contrôlais pas. C'était un jeu pour moi, une façade, une étape pour aller mieux et me guérir de ma colère. Je n'avais pas ça dans le sang, comme Shéhérazade. J'en avais parlé à Sophie, qui était rentrée d'Argentine divorcée à 26 ans. Elle avait du mal à comprendre comment tout ce temps passé au contact de la douleur pouvait m'aider à suturer mes plaies. Ensuite j'ai rencontré Ludo, j'ai continué quelques mois, et quand je suis tombée enceinte, la patronne m'a dit, gentiment : « On va couper les ponts. – Mais pourquoi ? » J'avais envie de pleurer. « Parce que je suis sadique, mais pas à ce point-là. Je refuse de te voir souffrir. »

Je n'ai jamais su ce qu'elle entendait par là. Je ne lui ai pas demandé de développer. C'est resté en points de suspension.

– Vous êtes sûre que c'est une panne d'essence ?

Antoine, puisque c'était le nom qui figurait sur sa carte professionnelle de conducteur d'engins de secours, faisait le tour du Nissan avec sa lampe torche, à la recherche d'une avarie.

– Certaine. J'ai un problème avec la jauge. Elle est cassée. Le voyant de la réserve ne s'allume plus.

– Je peux ?

Je lui ai tendu les clés. Il n'était pas très grand. Assis au volant, ses jambes courtes posées sur les pédales, il me faisait l'effet d'un enfant qui jouait dans la voiture de ses parents. Il a mis le contact. L'aiguille a quitté le zéro pour indiquer la moitié du plein. La voiture a refusé de bouger et a fini par s'éteindre.

– Voyez ?

Il a hoché la tête en silence.

– Vous savez que c'est illégal de tomber en panne d'essence sur l'autoroute ?

– Attendez, vous vous doutez bien que je n'ai pas fait exprès de tomber en panne d'essence.

– Je sais… mais le conducteur est responsable de la panne de carburant. On considère qu'il aurait dû faire le plein.

– Puisque je vous dis que la jauge est cassée !

J'avais du mal à garder mon calme. Antoine m'a rendu les clés du Nissan.

– Je ne vous accuse de rien. Il faut juste que vous le sachiez. L'amende est minime, une cinquantaine d'euros, mais les frais de remorquage sont à votre charge. Et là, un dimanche, sur autoroute, en tarif de nuit, ça va chercher dans les 300 euros. Peut-être un peu moins, il faut que je vérifie.

Cette semaine-là, j'avais acheté des matelas chez Ikea, invité ma belle-sœur au restaurant, payé une coupe chez Mehdi, des habits neufs pour Nora. Je nageais déjà allègrement dans le rouge. J'ai soupiré.

– Bon, venez, il a dit, on va déjà regarder si elle accepte qu'on lui donne à boire.

Il a accroché un treuil à un anneau dans le bas de caisse dont j'ignorais l'existence, puis il a hissé le Nissan sur le plateau de sa dépanneuse. On s'est serrés à l'avant, avec Marco. Des canettes de Red Bull écrasées gisaient à nos pieds, répandant à travers l'habitacle une odeur de Malabar. J'ai pensé à la petite piscine à boules dans la chambre de Nora. Les gyrophares se sont allumés sur le toit et, en moins de trois minutes, Antoine ralentissait dans la voie de sortie de la station où nous avions croisé le mannequin et son joueur de foot, une heure plus tôt.

– Diesel, hein ?

J'ai acquiescé et je l'ai laissé descendre le Nissan le long de la pompe. Marco a fait sauter une cigarette de son paquet.

– Pas ici, l'a tancé Antoine. T'as pas envie d'exploser dans les vapeurs d'essence, et moi non plus. Va l'allumer plus loin, s'il te plaît.

Marco a verrouillé son regard pour lui montrer que s'il le voulait, il pouvait bien l'allumer ici, sa cigarette. Le dépanneur n'a pas bronché. Il n'était pas impressionné.

– OK, chef, a abdiqué Marco. Je m'en vais. Mais si ta stratégie c'est d'éloigner le fils pour serrer la mère, je te préviens: elle est déjà maquée et elle a pas un rond.

Là-dessus, il nous a tourné le dos et s'est dirigé vers la boutique.

– C'est un rebelle, votre fils, hein, a dit Antoine en rigolant.

J'ai hoché la tête.

– Il est en colère, j'ai dit.

– Il a quoi, 16, 17 ans? C'est pas facile pour les mômes en ce moment. J'ai un petit frère, on a douze ans d'écart. Depuis le covid, les confinements, il va pas bien du tout. C'était un super gamin, bien dans sa peau, heureux, ambitieux… Et d'un coup, il ne sort plus de sa chambre, il ne veut plus voir personne…

Je surveillais Marco du coin de l'œil. Il avait fini sa cigarette et traversait le parking des camions, en direction de la forêt et de l'obscurité. Il avait peut-être envie de pisser.

– Le mien, c'est pas le covid, j'ai dit. Le confinement, il l'a pas du tout respecté. Il était tout le temps dehors, je ne compte même plus le nombre d'amendes que j'ai payées pour violation du couvre-feu.

Antoine m'a demandé où on allait comme ça. Est-ce qu'on partait en vacances. J'ai à nouveau cherché Marco du regard mais il avait disparu.

– Non, on ne part pas en vacances, non, j'ai murmuré, pour moi.

Puis à haute voix :

– Je ne sais pas où on va. J'ai roulé tout droit parce que je ne pouvais pas rentrer chez moi.

Antoine avait ce regard étonné qu'ont les gens quand vous leur parlez avec sincérité.

– Il s'est passé quelque chose ?

– Marco. Mon fils s'appelle Marco. Il a fait un sale truc. Un truc grave. Et je peux tout simplement pas faire comme si c'était normal, voyez ? Rentrer à la maison, le laisser dormir dans son lit, faire la grasse matinée jusqu'à midi, c'est pas possible, vraiment pas possible. Alors je me suis mise à rouler.

Antoine acquiesçait en silence. Il a hésité un instant sur la forme qu'allait prendre sa prochaine question, et Marco a émergé du fond de la station. Il avançait dans notre direction. J'ai dégainé ma carte bleue, prépayé sur la borne et laissé Antoine faire le plein. À la première tentative, le Nissan a toussé comme s'il se raclait la gorge, puis il s'est ébroué, le pot d'échappement a craché une boule de charbon, et sous un nuage de fumée noire, le moteur a retrouvé un rythme cardiaque acceptable.

– Vous allez appeler votre assurance, leur dire que vous êtes tombée en panne, et vous allez me les passer.

Marco nous avait rejoints. Je lui ai demandé de fouiller la boîte à gants à la recherche du papier vert sur lequel figurait le numéro d'urgence. Au téléphone, j'ai répété mot à mot ce que m'avait dicté Antoine, et je l'ai laissé raconter qu'après examen du moteur, il avait constaté un encrassement au niveau du filtre à gasoil. C'était à présent réparé. Je l'ai regardé épeler les numéros de ma plaque d'immatriculation. Il a hoché la tête en silence avant de raccrocher.

– Voilà. C'est réglé. Ils prennent en charge.

– C'est quoi cette histoire ? Le filtre encrassé ? Pourquoi vous leur avez sorti un bobard ?

Il a haussé les épaules. Il avait l'air de se poser la question.

– Vous êtes tombée en panne d'essence et vous m'avez dit que vous étiez tombée en panne d'essence. C'est bête, mais c'est la seule raison. Vous ne pouvez pas imaginer le nombre de types à sec sur la bande d'arrêt d'urgence qui me baratinent pour ne pas avoir à payer le remorquage.

Je lui ai tendu un billet de 20 euros qu'il a refusé. Il était déjà payé et c'était la moindre des choses pour l'avoir attendu si longtemps. On s'est serré la main, je l'ai laissé remonter dans sa cabine et j'ai repris la route. Marco, à sa place sur le siège passager, a demandé où on allait comme ça.

– Je sais pas. J'avance.

– Putain mais t'as conscience que ça n'a aucun sens ?

La station disparaissait dans mes rétroviseurs. L'obscurité dans notre dos était encore totale, mais loin devant nous on pouvait deviner les premières lueurs du jour. Les nuages s'éclaircissaient, révélant des êtres immenses, maigres et désarticulés. Un champ d'éoliennes. Marco a juré encore avant de demander si Jalil était au courant, pour tout ça.

– Je l'ai eu au téléphone tout à l'heure. Tu dormais. Je lui ai dit qu'on rentrait.

– Sauf qu'on rentre pas ! On continue tout droit ! il a crié en désignant la langue de bitume qui s'allongeait devant nous.

L'autoroute a traversé une carrière de pierres avant de s'enfoncer dans la forêt. Une fine pellicule de brume flottait sur le bitume et dans les herbes hautes. Je surveillais le bas-côté, au cas où une biche apeurée aurait l'idée de bondir dans les phares, en travers de la route. Ça m'était arrivé près de Mont-de-Marsan, il y a longtemps. L'animal en avait chié d'angoisse en rencontrant la voiture. J'avais tenté de l'éviter mais l'aile l'avait heurté à la tête et tué sur le coup. Il m'avait fallu un moment avant d'oser toucher son cadavre, et encore une bonne demi-heure pour parvenir à le tirer dans le fossé. Les nuits suivantes, je revivais la scène. La biche, grouillante de larves blanches, me demandait ce qu'elle avait fait pour mériter ça.

– Tu n'as pas répondu à ma question, a articulé Marco.

Il s'était calmé. Il a posé son téléphone sur le renflement du tableau de bord où il était écrit « Airbag ».

– Quelle question ?

Il a pivoté vers moi et n'a pas vu le panneau indiquant la distance qui nous séparait de Metz.

Encore 238 kilomètres. Il reprenait le contrôle de la conversation.

– C'est vrai ce que dit papa ? Que t'as fait le trottoir ?

– Non, j'ai immédiatement répondu. Je n'ai pas fait le trottoir. Ça ne s'est pas passé comme ça.

– Ça s'est passé comment, alors ?

J'ai doublé un camion et retrouvé ma place sur la file de droite, fixant un point sur l'horizon.

– Marco, je ne sais pas ce que ton père t'a raconté, et à vrai dire il peut raconter ce qu'il veut. Je n'ai pas honte de ce que j'ai fait.

J'aurais voulu qu'il relance mais il m'écoutait à présent. C'était à moi d'y aller.

– J'aurais dû t'en parler plus tôt, j'ai dit. J'ai eu envie de t'en parler plus tôt mais t'étais trop petit, tu n'aurais pas compris.

– Accouche.

– Je sais que tu veux quitter la maison, te faire émanciper, couper les ponts… Et peut-être que t'as raison, peut-être que c'est la solution. Mais il y a des choses que tu dois savoir sur la vie qu'ont eue tes parents avant d'être parents.

Je sentais le poids de son regard. Il se tenait de profil, le dos contre la portière. La conduite m'imposait de garder les yeux sur la route mais je savais qu'il me fixait.

– Quand j'étais enceinte de toi, j'ai découvert que Ludo me trompait, j'ai dit.

– Comment tu l'as su?

– Je l'ai su parce que je ne suis pas du genre à me mettre des œillères. Je lui ai tendu des pièges. J'allais le voir à son travail. Je le suivais en voiture, malgré l'interdiction des sages-femmes.

– Avec qui il te trompait?

– Peu importe. Des tas de filles. J'étais à huit mois de grossesse. Je voulais le quitter, j'en ai parlé à Sophie, elle m'a dit: «Attends un peu, attends le bon moment.» Le jour de l'accouchement, je chronométrais mes contractions depuis trois bonnes heures quand ton père m'a annoncé qu'il allait chez le coiffeur.

– Il est pas venu à l'hôpital?

– Si, il est venu. Il était très heureux de te rencontrer. Il a fait le tour des chambres de la maternité pour annoncer à tout le monde que son fils était né. Ça a duré vingt-quatre heures comme ça.

Puis la deuxième nuit est arrivée. Horrible. Tu ne faisais que pleurer. Ton père a dit qu'il était fatigué, il avait besoin de se reposer, de dormir dans un vrai lit. Il est rentré à la maison et m'a laissée seule avec mes points de suture, ma montée de lait, mes seins prêts à exploser et toi qui hurlais. Les sages-femmes étaient débordées. Je t'ai regardé pleurer toute la nuit dans ton berceau en plastique. Je n'arrivais pas à te nourrir. Je ne savais pas quoi faire.

– Pourquoi je pleurais ?

– Je ne sais pas. Je n'ai jamais su.

– Avec papa, vous vous êtes séparés parce que je suis né ?

– Non. C'était fini avant. J'ai juste suivi le conseil de Sophie. J'ai attendu le bon moment. J'ai préparé ma fuite. Il me fallait de l'argent.

– Ça veut dire quoi ça, il te fallait de l'argent ? Tu travaillais.

– J'étais jeune prof, pas encore titulaire, « volante » ils appelaient ça. Je gagnais pas grand-chose, en tout cas pas assez pour me trouver un logement, payer une nounou, tout ce que j'ai dû faire après en étant célibataire.

Je me suis tue. Mon secret se tenait là, devant moi, intact et immense. J'ai formulé dans ma tête quelques phrases vite effacées.

– J'ai commencé par faire un régime, j'ai fini par dire. J'avais pris seize kilos pendant ma grossesse. Tu devais avoir quatre mois quand j'ai réussi à les perdre. J'étais contente. Je me souviens, on avait passé une semaine en Sardaigne et sur la plage, j'osais le deux-pièces.

– Papa, il était où ?

– Avec nous. Il me trompait à Paris mais on partait en vacances malgré tout. On faisait semblant. J'avais du mal à le quitter parce que j'avais du mal à faire le deuil de mon idéal. Toujours ce foutu rêve : un couple ça se rencontre, ça se marie, ça fait des enfants et ça reste ensemble. J'ai mis du temps à accepter que je m'étais plantée, que je m'étais mise de mon plein gré dans une situation merdique avec un homme que j'allais finir par détester, voire pire, mépriser. Donc il y a eu ces vacances. Et quand on est rentrés à la maison, j'ai attendu d'être seule pour aller sonner chez la voisine, je ne sais pas si tu te souviens d'elle. Une fille de mon âge, très prude, qui n'avait connu qu'un homme dans sa vie mais qui avait l'immense qualité de ne pas juger les gens. J'ai enfilé ma lingerie la plus sexy, je me suis allongée sur mon lit et je lui ai demandé de me photographier.

– Et ?

– Et j'ai envoyé ma candidature à un site. Un site d'escort.

On y était. Marco a hésité.

– Mais… escort… C'était quoi comme site ?

– C'était comme un réseau social, si tu veux, avec mes photos, ma taille, mon poids, mes mensurations. Mon visage était flouté.

On trouvait également des informations sur mon pubis, épilé ou non, mon orientation sexuelle, mon parfum préféré, mon chiffre préféré, ma couleur préférée et ma boisson préférée. J'avais mis « champagne », bien que je n'en raffole pas et que ça me fiche la migraine. Je n'avais pas osé mettre « vin rouge ».

Marco s'est donné du mou sur la ceinture. Il a replié ses jambes pour avoir les genoux sous le menton.

– Et donc, normal, toi, du jour au lendemain, parce que t'arrives pas à quitter ton mec, tu te mets à faire la pute.

– Je comprends que ça te choque, j'ai dit après un silence.

– Bien sûr que ça me choque ! Ça me choque de ouf ! Tu crois quoi ? Tu dégoûtes !

Il a envoyé un coup de pied dans l'airbag et son portable a glissé sous le siège. J'ai redouté à nouveau qu'il actionne le frein à main. Sans m'en rendre compte, j'avais accéléré. L'aiguille flirtait avec les 150. Pour se calmer, j'imagine, il a ouvert ses réseaux sociaux et s'est mis à scroller à toute vitesse, espérant s'y réfugier, atteindre l'hébétude de l'algorithme, qui permet de ne plus penser à rien. On a roulé encore une vingtaine de kilomètres avant qu'il y renonce.

– Donc le premier client, il a fini par dire, t'es arrivée comme ça, genre tout va bien ?

J'ai eu un petit rire que j'ai immédiatement regretté.

– J'étais terrorisée. Ma première mission, c'était avec une Russe. Natalia. 40 ans mais elle en faisait à peine 30. On avait rendez-vous devant une boîte de nuit, pas vraiment une boîte échangiste mais ça y ressemblait. Elle a vu que je tremblais, elle m'a dit avec son accent : « T'inquiète pas, les clients, c'est des Chypriotes, ils vont rien faire avec nous, ils aiment que les grosses. On va juste les aider à entrer. » Et c'est ce qui s'est passé. Ils nous ont payé un verre le temps de voir à l'intérieur si des filles leur plaisaient, on a discuté un peu, ils nous ont donné 1 000 euros chacune, en liquide, et c'était fini.

De retour chez moi, j'avais aligné les billets sur mon lit. 1 000 euros. Mes mains n'avaient jamais touché autant d'argent. Voilà, je m'étais dit, tu vaux ça. Puis je m'étais demandé pourquoi je l'avais fait gratuitement pendant des années avec des abrutis.

– Ils faisaient quoi dans la vie, les Chypriotes ?

– Ils pilotaient un jet. Celui d'un millionnaire, ou milliardaire, je ne sais plus.

– T'as pas couché avec eux ?

– Non. Je n'ai pas eu à le faire.

– Et t'as continué ?

– J'ai quitté ton père après cette mission. J'avais trouvé ma solution. C'était le moment.

– Il était au courant ? Papa. Il savait ?

– Pas à l'époque. Mais on en reparlé plus tard, je lui ai raconté, oui.

– Et moi, tu t'en foutais ? Tu faisais quoi de moi ?

Les larmes me sont montées aux yeux. J'ai lâché le volant d'une main pour les essuyer.

– C'est ridicule… j'ai soufflé.

– Qu'est-ce qui est ridicule ?

– Je me voyais comme une louve. Une louve qui part chasser, la nuit, pour nourrir son petit.

J'ai pris une seconde pour remettre la main sur les mouchoirs à la chlorophylle que j'avais offerts à Jade, plus tôt dans la nuit, avant de me rappeler qu'elle avait gardé le paquet.

– T'étais tout petit, j'ai poursuivi. Je te confiais à la voisine. Je te récupérais aux aurores, bouillant de sommeil. Je te transvasais dans ton petit lit.

– Personne t'obligeait à faire ça.

– C'est vrai. Mais je n'ai pas fait ce que j'ai voulu, Marco. J'ai été violée à 18 ans. Je n'y étais pour rien. Et je sais que c'est difficile à entendre, mais c'est la vérité : pour moi, l'escort a été une réparation. Parce qu'à l'époque, un mec qui m'offrait un Coca au McDo, je pensais que je devais coucher avec.

– Mais putain, pourquoi t'étais comme ça ? il a hurlé. Je connais personne qui est comme ça !

Il en avait le souffle coupé. Mes yeux continuaient de pleurer.

– Parce que depuis que je suis toute petite, mamie me répète qu'il faut que j'arrête de me prendre pour une princesse. Parce que je ne voulais pas qu'on dise de moi, elle se regarde le nombril. Parce que je ne voulais pas être une petite chose fragile. Parce que je voulais qu'on m'aime. Parce que les filles comme moi finissent par se faire repérer. Parce que les mecs sont des violeurs. Je ne sais pas. Des raisons, j'en ai plein.

J'ai soufflé fort et le soleil a franchi la colline, inondant l'autoroute, les champs, le parebrise. Marco a porté une main à son front, en visière/ J'ai songé à la sourate de l'aube naissante, et l'ai récitée silencieusement, dans ma tête :

Seigneur de l'aube naissante, protège-nous contre le mal des êtres que Tu as créés, contre le mal de l'obscurité quand elle s'approfondit, contre le mal de ceux qui soufflent sur les nœuds…

Marco m'a interrompue :

– Tu te rends compte de ce que tu me dis ? T'as fait la pute et t'as pas honte. Moi j'ai honte pour toi. Je te jure. C'est grave. J'ai honte que tu sois ma mère.

– Ah oui, et pourquoi j'aurais honte ? j'ai demandé. Je n'ai rien à reprocher aux prostituées. Je n'ai jamais traité les gens de « fils de pute », comme tu le fais à longueur de journée. « Connasse », ça oui, c'est une insulte que je profère. Mais « sale pute », non. En un sens, je vais te dire, j'étais même assez fière.

– T'étais fière de te faire baiser par le premier venu ?

– Tu ne comprends pas.

– Arrête ! Me prends pas pour un débile. Je comprends très bien.

– Non, tu ne comprends pas que l'escort m'a permis de m'en sortir. J'avais été maltraitée par tous les mecs que j'avais rencontrés, et soudain j'allais au restaurant avec des chefs d'entreprise, des ingénieurs, des collectionneurs, des marchands d'art, des hommes pas forcément meilleurs que les autres mais eux au moins faisaient semblant de me tenir la porte quand on arrivait quelque part. Ils se lavaient les dents avant de m'embrasser.

– Ils te payaient ! Tu crois qu'ils en avaient quelque chose à foutre de toi ? T'étais juste une pute pour eux !

– C’est vrai, j’ai concédé. Ils me payaient.

J’aurais voulu lui dire que j’avais aussi connu des hommes qui me payaient uniquement pour discuter. Paul, un rentier qui me recevait au champagne dans le petit salon de son hôtel particulier. Il ne me touchait pas. Jamais de relations sexuelles. Samuel, le patron d’une entreprise de tissu que j’avais rencontré par l’agence et qui passait en direct pour m’éviter d’avoir à reverser mes 30 %. J’aurais pu construire quelque chose avec lui. Un soir, il m’avait dit, « C’est toi, en fait, la solution », et il n’avait pas été nécessaire d’aller plus loin. J’avais compris. Il avait confiance. Il savait que je ne ruinerais pas son mariage.

– T’as fait ça combien de temps ? a relancé Marco.

– Un an.

C’était faux. Quand les missions se sont taries en France, j’ai pris le Thalys. Le patron d’un site belge m’a reçue dans son bureau, un homme de 50 ans, chauve mais élégant, avec quelque chose de rassurant dans l’allure, le ton de sa voix, sa manière de se mouvoir. J’avais bientôt 30 ans, je ne me sentais plus si jeune.

«Je sais que je n'ai pas beaucoup de poitrine mais je vais investir, ne vous inquiétez pas, j'avais dit en posant mes mains sur mes seins.

– Ouh là, surtout pas ! il avait répondu en agitant les bras. Restez comme ça, vous êtes parfaite ! »

J'avais toujours eu des petits seins. Je les aimais bien, je les trouvais ronds, fermes, assez hauts sur la poitrine, je m'estimais chanceuse. L'allaitement, je n'étais ni pour ni contre, mais à la maternité les filles m'avaient juré qu'il n'y avait rien de meilleur pour mon enfant alors j'avais dit : « C'est parti, allons-y. » Pendant trois mois, j'ai cru que j'allais garder ces seins énormes et pleins de vie, mais après le sevrage, ils ont dépéri. Alors, c'est bête, mais l'entendre dire que tout allait bien, ça m'a ôté un complexe.

Dans la foulée, il y a eu un shooting. Le photographe était un jeune aux cheveux longs, on imaginait bien l'adolescent métalleux qu'il avait pu être quelques années auparavant. Il était très pro, pas un geste ambigu, rien. Je me suis demandé s'il était salarié ou s'il faisait ça en plus, à côté de son activité d'artiste ou de reporter pour la presse, comme d'autres font les mariages et les faire-part de naissance. Pendant la séance, je me suis arrangée pour laisser traîner une cravache dans le cadre, et ça m'a ensuite ramené toute une clientèle de types branchés domination. Un Suisse notamment, qui adorait l'équitation, habillé en Hermès de la tête aux pieds. Son fantasme, c'était de soumettre une dominatrice. Je le laissais me brûler les fesses à la bougie, me donner des petits coups de fouet. Il avait dû m'indemniser, j'avais la peau trop marquée pour travailler. Il était désolé. « Je vous fais un chèque ? 3 000 euros ? » C'était rien pour lui, rien du tout.

– Arrête-toi, steuplait.

– Quoi ?

– Sors à la prochaine.

J'aurais pu tenir un journal. Le remplir scrupuleusement, jour après jour et au long des années, en espérant qu'il en jaillisse un peu de lumière. J'aurais aussi pu me faire aider. Avoir un rendez-vous hebdomadaire, peut-être deux, trouver le fric pour régler mes séances et entretenir une relation de confiance avec quelqu'un de compétent. Mais je craignais à l'avance ce que m'aurait dit cette personne: «Les secrets sont des tumeurs. S'ils ne sont pas traités, ils grossissent, grossissent, jusqu'à devenir incontrôlables. Vous devez parler à votre fils.» C'est si facile quand on n'est pas concerné. Quand on distribue ses conseils tarifés, le cul bien au chaud entre les capitons d'un fauteuil de thérapeute. Je ne peux pas expliquer à mon fils de 15 ans que je suis venue à la prostitution par la domination, que j'y suis restée, que je m'en suis éloignée, que j'y suis revenue, par phases, au gré des passages à vide. C'est trop violent. Je dis que l'escort m'a fait du bien, et c'est vrai, j'allais mieux, enfin je valais quelque chose. Le prix de la passe, au minimum. Pour autant, je ne peux pas me voiler la face. Je sais que c'est aussi le stigmate d'une plaie qui se remet toujours à saigner. Se prostituer, c'est tomber au hasard sur des inconnus empêchés par des manques affectifs démesurés, et espérer qu'ils sauront tous bien se comporter. C'est avancer sur un fil entre deux gratte-ciel en fermant les yeux, et se dire à chaque pas, ça va, il ne m'est encore rien arrivé.

Un client m'a giflée, une fois. Encore sous le choc de son geste, je l'avais vu se jeter à mes pieds, me couvrir d'excuses. Il chialait presque. Je l'avais relevé, je m'étais rhabillée et j'étais rentrée chez moi. Je n'avais rien dit à l'agence. Un autre, bien plus tard, m'avait menacée. Un jeune plein aux as, très beau. J'étais nue sur le lit, dans la chambre d'un quatre étoiles à Concorde. Il avait voulu savoir comment je m'appelais *vraiment*. « Jessie », j'avais dit. Les filles s'inventaient des noms de scène, il le savait et moi aussi, mais ça me gênait de sortir Julia de la domination, alors je me présentais telle qu'en moi-même, Jessie. « Allez, s'il te plaît, je te demande pas grand-chose, donne-moi juste un prénom... — Jessie. Je m'appelle Jessie. » Les mecs n'y croyaient jamais, et chez certains je sentais que ça les excitait, que je résiste, alors même que je disais la vérité. Mais lui, dans cette chambre avec vue sur l'ambassade des États-Unis, il s'était senti insulté. À genoux sur le matelas, à la manière d'un lutteur avant l'assaut, il m'avait détaillée comme un morceau de viande, de haut en bas. « Pour qui tu te prends à faire la mystérieuse ? Rappelle-toi bien que t'es qu'un tapin. Si je t'étrangle, là, et que je passe un coup de fil pour qu'on te jette dans la Seine, personne te cherchera. » J'avais senti mon estomac se rétracter, et tout de suite j'avais pensé à Marco, puis au joggeur qui trouverait mon cadavre blanchi et boursouflé, arrêté en aval par des branchages ou la retenue d'une écluse. Je n'avais rien répondu. Je m'étais contentée de sourire. On avait encore baisé deux fois cette nuit-là.

Avec des amis, en soirée, quand j'avais deux verres dans le nez, je le clamais, que j'étais pute. Je me drapais dans ce mot, je m'en faisais une fierté. Mais c'était de l'esbroufe, encore une fois, un truc de gamine qui veut être regardée. Je n'ai jamais milité dans un syndicat, jamais manifesté pour payer mes impôts ni être reconnue par l'État. Je le faisais dans mon coin, en solitaire, en plus de mes cours au collège. Quand les Belges m'ont annoncé qu'ils baissaient leurs tarifs – la nuit passait à 600 euros, au lieu de 1 000 –, je me suis révoltée, j'ai menacé de faire grève. Dans un long mail que je dois encore avoir quelque part, je m'offusquais en développant tout un argumentaire sur le capitalisme, leur sommant de me citer un seul secteur dans lequel un patron oserait présenter une baisse de 40 % de revenu à ses employés. J'avais choisi le mail en me disant que c'était une preuve juridique, quelque chose qui allait rester. Mais une prostituée qui traîne son proxénète devant les prud'hommes, cela n'avait aucun sens. Personne n'a accusé réception et j'ai tout bonnement été remplacée. Marco avait 8 ans, il entrait en CE2. Il était grand. Je me suis convaincue que c'était un signe et j'ai tout arrêté. À deux reprises par la suite, j'ai réactivé mon profil. Pour l'argent, à chaque fois, parce que même à 600 euros ça restait intéressant. L'aurais-je fait si j'avais été mieux payée par l'Éducation nationale ? Si j'avais pu offrir à mon fils des souvenirs de sports d'hiver et des Nike à bulles d'air, comme les autres enfants de sa classe ? Je ne sais pas. Je l'ai fait aussi pour moi.

— Arrête-toi.

Je n'avais pas fait un kilomètre depuis la sortie. Marco a ouvert sa portière.

– Arrête-toi, je te dis !

J'ai pilé dans les graviers. Il a juré en découvrant qu'il était encore attaché, et s'est rué à l'extérieur. Il a sauté le fossé. Je l'ai regardé s'éloigner, ses pas soulevant de petits nuages de poussière qui retombaient dans son sillage. Un merle s'est posé sur le rétroviseur, il a sifflé en me fixant, comme s'il voulait me dire quelque chose, avant de s'envoler vers le champ d'asperges qui venait d'être butté et s'étirait sur ma gauche. De l'autre côté de la départementale, des pieds de vigne, impeccablement parallèles, embrassaient la clairière dans laquelle Marco continuait de s'enfoncer. J'ai coupé le contact. L'horloge s'est éteinte sur le tableau de bord. Elle indiquait 6 h 14.

J'ai crié son nom, et à mon tour j'ai sauté le fossé. La clairière débouchait sur un sous-bois encore plongé dans l'obscurité, puis un chemin endommagé sous les roues d'un tracteur. De profondes ornières creusaient la boue séchée. Je me demandais s'il n'avait pas coupé par les hautes herbes quand je l'ai vu, au loin, appuyé contre une clôture. Un cheval de trait, lourd et majestueux, tournait dans son enclos. J'ai ralenti le pas. C'était un animal extraordinaire. Des cuisses massives, une crinière blonde et sauvage, de longs poils qui jaillissaient de sa robe et recouvraient ses sabots. Il était facile de l'imaginer à la parade, ouvrant une fête de village. Sentant nos regards sur lui, le cheval s'est approché, a tendu le cou et posé sa tête énorme sur le bois de la clôture. Marco lui a répondu en ouvrant la main.

– Il doit avoir l'habitude d'être nourri, il a murmuré en caressant la tache brune au-dessus de ses naseaux.

L'animal a frissonné. Puis, comprenant que nous n'avions rien à offrir, il a fait volte-face et s'est intéressé à un carré de pâquerettes.

– T'as bien fait de m'inscrire à l'équitation, a soufflé Marco. Quand je dis que je sais monter, les gens hallucinent. Ils me prennent pour un mytho.

– J'ai pas vraiment eu le choix. T'étais obsédé par les chevaux. Tu restais des heures après les cours, il fallait les brosser, récurer leurs sabots, leur laisser de la paille pour la nuit. J'en pouvais plus de me geler au bord du manège, mais j'aimais bien que t'en fasses. C'était l'occasion de rencontrer d'autres enfants, d'autres familles. Un autre milieu. Je m'étais dit que ça t'aiderait.

– Pourquoi j'ai arrêté ? il a demandé.

– Beaucoup trop cher… Mais tu as fait d'autres choses. Du judo. Du tennis. Tu aurais pu devenir un merveilleux pianiste, bilingue en italien… Tu as tout commencé et tout laissé tomber.

– Putain, maman ! À quoi ça m'aurait servi de parler italien ?

– Je ne sais pas. C'est un bagage. Tu peux pas savoir à l'avance ce qui te servira plus tard.

Marco a pouffé, avant de libérer un rire de dément, un rire incontrôlable.

– Ce que je vais faire plus tard… T'es une vraie prof, toi, hein ? Bien matrixée par l'école.

Si tu veux savoir, « Qu'est-ce que tu vas faire plus tard ? », c'est vraiment la plus grosse question de merde qu'on m'a jamais posée. Je veux qu'on me foute la paix. Qu'on me laisse tranquille. Je veux pouvoir rater ma vie pour la bonne raison que c'est la mienne.

On avait eu cette discussion cent fois et elle ne menait nulle part. Ce qui me terrifiait n'était pas le fait qu'il se noie au lycée mais qu'il n'ait plus goût à rien. Pas de passion. Pas d'envie.

– Qu'est-ce que je vais faire plus tard, c'est ça que tu veux savoir ? a répété Marco.

– Si tu me dis éboueur ou marin-pêcheur, je suis heureuse. Mais là tu ne fais rien, tu déprimes, tu t'enfonces dans le noir.

– Est-ce que même tu entends les mots que tu prononces ? On dirait Batta. Zéro différence avec ce fils de pute.

Antoine Batta enseignait les sciences de la vie et de la terre au lycée Hélène-Boucher. Il prenait plaisir à dénigrer les élèves en leur mettant des notes catastrophiques. Je lui avais hurlé dessus en salle des profs après avoir lu son appréciation sur le bulletin : « Continue dans cette voie et tu finiras livreur chez Uber Eats. » Jalil venait de recevoir son cube isotherme de livreur Uber Eats.

– Pourquoi tout le monde me casse les couilles avec ça ? a demandé Marco. C'est pas parce que les lèche-cul du premier rang disent qu'ils vont monter leur boîte ou devenir journalistes qu'ils vont vraiment le faire. Pour la plupart, je mettrais ma main au feu qu'ils y arriveront pas. Et on les fait pas chier pour autant.

Le soleil a percé un nuage. Il tapait malgré l'heure matinale. Je me suis assise dans l'herbe, en tailleur. Une fatigue terrible me tombait dessus. Je me sentais partir. Je me suis allongée. J'ai fermé les yeux. En me réveillant, deux ou trois minutes plus tard, j'étais surprise de redécouvrir l'endroit. Les formes, les couleurs s'étaient dissipées, dessinant un tout autre tableau derrière mes paupières. En appui contre la clôture, les yeux rivés sur le colosse, Marco n'avait pas bougé.

– Il faut que je prévienne ton beau-père, j'ai dit en me redressant. Il va s'inquiéter.

– C'est ni mon père ni mon beau-père. C'est ton mec, tu l'as choisi, ça te regarde. Laisse-moi loin de tes histoires.

– Pourquoi t'es comme ça avec lui ?

Il a quitté son poste d'observation pour venir s'asseoir à mes côtés. Il arrachait des pissenlits, soufflait sur la sphère et recommençait.

– Je l'aime pas, ton mec. Et il m'aime pas non plus. C'est comme ça.

Ils se ressemblaient, pourtant. La colère, la violence, cette immaturité qui les mettait en danger. À 20 ans, Jalil s'était soulevé avec la foule de son pays, et dans le chaos qui avait suivi, il avait eu la folie de mettre ce qu'il possédait dans les mains d'un passeur. La chance, et elle seule, lui avait permis de toucher Lampedusa, puis Naples, où pour une embrouille avec un vigile de supermarché, il avait reçu un coup de couteau. La cicatrice lui découpait le biceps de façon étrange, marquant le muscle d'une ligne blanche. Il avait fui de nouveau et s'était retrouvé à Paris, sans visa. Quand je l'ai rencontré, je l'ai trouvé timide, avec une intensité dans le regard. C'était à Aubervilliers, une soirée dans un hangar. J'y étais allée avec Saeed, un Pakistanais avec qui je couchais pour me réparer d'une histoire avec un homme marié. Rêveur et surdoué, Saeed soutenait une thèse de doctorat en maths appliquées et passait ses week-ends à faire le tour du cadran. Il avait grandi à Islamabad, au sein d'une famille bourgeoise et très pieuse, mais il venait d'apprendre que sa mère avait eu un amant pendant trente ans et que son plus jeune frère, imam, était le fruit de cet adultère. À cause de ça, sûrement, Saeed était réfractaire à l'engagement. On pouvait coucher ensemble tous les week-ends, il continuait de s'adresser à moi comme à une copine : « Libère-toi, sors, vois des gens, fais garder ton fils ! » Cette fameuse nuit à Aubervilliers, dans ce hangar qui servait la journée à entreposer des chariots de linge, j'étais partie lui chercher un verre lorsque je suis tombée sur ce garçon un peu gauche, qui se tenait près du bar, en pantalon et polo blancs, tentant désespérément de se faire remarquer par le serveur. C'est moi qui avais fait le premier pas. « Vous avez réservé un court de tennis ? » Il n'avait pas compris la blague et m'avait obligée à la répéter, ce qui n'est jamais une bonne idée. Il ne s'était rien passé cette nuit-là, on s'était contentés de discuter sur le trottoir en vidant son paquet de cigarettes, mais le lendemain, il m'avait ajoutée sur Facebook. Ça m'avait touchée, qu'il ait retenu mon nom. Sur sa photo de profil, il sautait un obstacle à cheval, bombe sur la tête. C'était une image tellement éloignée de celle que je me faisais de ce garçon que j'ai accepté de le revoir. Il m'a donné rendez-vous au Café Jade, rue de Buci, dans le 6e. Un bar de touristes dans un quartier de touristes. Je suis arrivée en avance et il était déjà là, les cheveux sagement peignés sur le côté, un énorme bouquet de roses dans les mains. Il assumait son jean slim et son sourire trop large. J'ignore pourquoi je ne l'ai pas trouvé ridicule. Il m'a dit d'emblée : « Je veux qu'on vive ensemble, qu'on se marie et qu'on ait des enfants. » D'ordinaire, face à un inconnu qui vous annonce un tel programme, le seul bon réflexe, c'est de partir en courant. Mais il était sincère. J'ai pensé : Voilà enfin un homme qui ne va pas jouer avec toi. Il souriait quand il était gêné. Il souriait quand il ne comprenait pas ce que je disais. Si j'acceptais de plonger vraiment au fond de ses yeux noirs, je voyais les cauchemars et la douleur, mais j'étais moi aussi en convalescence, alors silencieusement, on a scellé un pacte. On n'en parlerait pas. Je ne saurai sans doute jamais ce qu'il a fui en Tunisie. Pourquoi ses parents ont de l'argent et pas lui ? Pourquoi il est monté sur ce rafiot en ayant une chance sur deux d'y laisser sa peau ? Pourquoi en soirée, quand un ami évoque la prison, il devient grave et fronce les sourcils ?

Quand j'ai annoncé à Sophie que j'avais rencontré quelqu'un, elle a eu une réaction étrange : « C'est dingue. T'y crois encore. » Je suis tombée enceinte trois semaines plus tard. Nora est née, on s'est mariés. Le jour de la cérémonie, après m'avoir accompagnée devant le maire, mon père m'a murmuré à l'oreille : « Il a de la chance de t'avoir trouvée. » Pas parce que je suis une femme extraordinaire, non. Mais parce qu'avec moi, il avait ses papiers.

– Je peux te poser une question ? a demandé Marco.

Il continuait de souffler sur ses pissenlits. Un chien a aboyé, au loin. J'ai pensé à la chasse, autorisée le dimanche.

– Vas-y.

– Pourquoi tu m'as eu ? Si vous ne vous êtes jamais aimés, avec papa, pourquoi vous avez décidé de m'avoir quand même ?

Je ne m'y attendais pas.

– Qu'est-ce que tu veux savoir ?

– Est-ce que je suis un accident ? Est-ce que je suis là parce que t'as oublié ta pilule ?

J'ai laissé un temps.

– Pourquoi je t'ai eu ? j'ai répété.

J'ai pris une profonde inspiration. Je n'arrivais plus à le regarder.

– Je t'ai eu… Je t'ai eu parce qu'à la mort de mon frère, papy m'a dit dans les yeux : « Il faut que tu remplaces Benoit. Il faut que tu nous fasses un fils. » C'était deux jours après l'accident. On était tous sous Xanax, à Angoulême, chez les parents de la copine de Benoit. À un moment, les gens se sont levés et je suis restée seule dans cette cuisine, avec papy qui devait en être à son trentième café. Et il m'a dit ça. Il m'a dit : « Jessie, il faut que tu nous fasses un fils. »

Le cordon ombilical peut faire un mètre de long. J'ai lu cette information et je l'ai retenue. Le cordon ombilical contient une veine et deux artères, il peut faire un mètre de long. En réalité, ça commence là. Quand on n'est plus vraiment soi mais une version augmentée de soi : deux cœurs, deux cerveaux, quatre bras, quatre poumons… J'en connais qui se sentent vivre uniquement quand elles se transforment en petite usine à fabriquer des os et des organes. Ce n'était pas mon cas.

Avec un peu d'aide, ça aurait pu être différent, mais Ludo s'est évaporé et ma mère n'a pas pris sa part. Quand je suis tombée enceinte, elle a détourné le regard. La mort de mon frère était trop fraîche, j'imagine. Cette vie qui arrondissait mon ventre devait paraître obscène à ses yeux, elle qui redoutait d'avoir un jour à *faire son deuil*. Marco est né. Mécaniquement, elle devenait grand-mère, mais ça aussi elle l'a refusé. « Il n'aura qu'à m'appeler "tatie", si ça lui chante, mais "mamie", non. "Mamie", il me pousse dans la tombe. » Je suis restée bête sur mon lit d'hôpital, avec ma culotte anti-pertes et mes bouts de sein en silicone. De retour à la maison, je lui ai écrit une lettre. Je ressentais le besoin de lui dire que le manque d'amour ne se rattrape pas. Que je ne lui en voulais plus car il ne fallait pas attendre d'un pommier qu'il vous donne des fraises, mais que si la souffrance se transmettait de mère en fille, il était temps de corriger le tir. Ce fils, c'était notre chance à toutes les deux. On allait l'aimer très fort et en faire un mec bien.

Aujourd'hui, elle est capable de lancer à Marco « Comment je peux t'aimer à ce point ? J'ai jamais aimé personne comme ça », mais la vérité c'est qu'elle a mis des années à le prendre dans ses bras. Pourtant elle a passé sa vie à élever les enfants des autres et elle connaît le prénom de la moitié des gosses du quartier. Mais le mien, non, c'était l'enfant de trop. Ça m'a pas mal travaillée, et je pense au final que ça relève d'un déficit chimique. C'est une enfant qui n'a pas été désirée. Il lui manque quelque chose. Ma grand-mère s'était rendue à l'hôpital pour une appendicite et elle en était sortie enceinte de sept mois. Sa propre mère l'avait rassurée, personne n'en saurait rien, elle allait « gérer le problème ». Le bébé avait été confié au couple d'employés qui gardait la villa, lavait les draps, tondait la pelouse, taillait les haies. Bien qu'elle n'en ait aucun souvenir, ma mère pense avoir été bien traitée. Quand elle a eu 3 ans, il a dû se passer quelque chose car sa mère l'a récupérée et a décidé de l'assumer au grand jour. Ça a été une catastrophe. Elle prenait des gifles sans raison, vomissait de trouille. On lui répétait qu'elle était laide, qu'elle marchait en dedans, qu'on n'arriverait jamais à la marier. Il a fallu qu'elle entre en pension chez les bonnes sœurs pour qu'elle s'autorise enfin à respirer. Son père était beau garçon, très coureur, éphémère footballeur au Stade de Reims et gros flambeur dans les casinos : beaucoup de roulette, un peu de trente et quarante. Il devait tromper ma grand-mère à tour de bras, et quand elle est tombée enceinte, elle a passé sur cette enfant la frustration de son mariage raté. Ma mère m'a raconté tout ça, et je la crois. Aujourd'hui j'ai même de la pitié pour elle.

La première nourrice de Marco, Noémie, je l'avais trouvée à la caisse du Franprix, rue de la Réunion, une petite annonce avec des numéros à détacher. Elle habitait un taudis avec vue sur le métro aérien. L'appartement tremblait toutes les trois minutes, au rythme de la ligne 2. Les soirs d'escort, elle récupérait Marco à la crèche, le faisait dîner et le gardait auprès d'elle jusqu'au matin. Elle n'avait pas d'agrément, je la payais au black, hyper cher. Un soir, le client m'a posé un lapin. J'ai attendu, j'ai appelé, l'agence n'a pas réussi à le joindre non plus, j'ai récupéré mon manteau et j'ai tracé chez la nourrice. Je me sentais triste. J'avais besoin de serrer mon fils, de plonger mon nez dans ses cheveux et de le sentir, comme une fleur. Quand je suis arrivée en haut des marches, j'ai su tout de suite que c'était lui. Il pleurait. J'ai sonné, j'ai appelé, j'ai tambouriné avant de réaliser que la porte n'était pas verrouillée. Étendu sur le dos à même la moquette, Marco n'avait plus sa tétine. Ses hurlements se mêlaient au son de la télévision, mais le vacarme restait insuffisant pour réveiller Noémie, affalée dans le canapé. Un joint mal éteint fumait dans le cendrier. Je l'ai noyé dans l'évier, j'ai pris mon fils sous le bras et je suis partie.

Je n'ai jamais revu cette fille et j'ai le sentiment qu'elle ne s'en est pas sortie. C'est comme ça, certains meurent jeunes. Pendant longtemps je me suis rassurée en me disant que Marco ne s'en souviendrait pas. Mais est-ce qu'on oublie vraiment ? Est-ce qu'on n'aurait pas, quelque part dans le cerveau, dans les cellules, une boîte noire qui enregistre tout et qu'on pourrait analyser après le crash en disant « voilà, tout allait bien jusqu'à ce moment-là ». Il y a cet événement qui est venu perturber le vol et la catastrophe découle de ça. C'est sa faute à lui, à ce petit truc intervenu quand on avait 6 mois, 2 ans, 10 ans, 18 ans.

Ensuite, j'ai galéré. Beaucoup d'étudiantes et de plans foireux avant que je tombe sur Coco. Ses parents l'avaient prénommée Colette mais personne à part eux n'aurait osé l'appeler ainsi, et ils étaient morts il y a longtemps. Pour tout le monde, du maire d'arrondissement à l'employé chargé de l'entretien des parcs où elle emmenait les gamins deux fois par jour, c'était Coco. Elle avait joué dans les ruines de la guerre, en Normandie, était tombée enceinte à 15 ans et avait donné naissance à des triplés, trois garçons – Lionel, Maël,

Gabriel, elle aimait les prénoms en « el » –, ce qui valait tous les diplômes de puéricultrice. Quand je déposais Marco, il y avait toujours cinq ou six mômes à quatre pattes dans le salon, qui jouaient avec les voitures, les soldats, les billes et les calots qui avaient appartenu à ses fils trente ans plus tôt. Marco était le seul à y passer la nuit. Coco ne m'a jamais demandé pourquoi. Elle savait, j'imagine, mais elle a eu la classe de s'en foutre. Si elle m'avait posé la question, je l'aurais tirée par le bras dans sa petite cuisine qui sentait la purée et la saucisse, et au milieu des bavoirs et des biberons, je lui aurais avoué la vérité : je couche avec des mecs qui ont du fric pour en avoir moi aussi.

Peu de temps après, j'ai eu une opportunité dans le porno. Internet n'était pas encore le tout-à-l'égout du cul qu'il est devenu, c'était bien payé. J'avais hésité. Avec le maquillage, la lumière, il était possible d'effacer un tatouage, un grain de beauté, même le visage pouvait être modifié. Mais j'avais peur qu'un élève tombe sur une vidéo et raconte au collège qu'il s'était branlé sur la prof de maths. Et j'avais peur de mon père, aussi. On ne pense pas à ses parents quand il s'agit de sexe, mais je sais que c'est un homme comme les autres qui se masturbe sur des vidéos. Quand j'étais petite, j'avais trouvé un magazine dans la chemise en cuir qu'il emportait tous les matins chez Pizza Del Arte, comme s'il était banquier ou agent immobilier. J'avais 8 ou 9 ans, la vue de ces queues en gros plan et de ces chattes trop éclairées m'avait heurtée au point de taillader la revue aux ciseaux comme si je voulais l'assassiner. Rassasiée par le crime, j'avais rangé le cadavre à sa place, dans sa chemise en cuir. Mon père savait que c'était moi, Benoit était trop petit, ça ne pouvait être que moi. Il n'a rien dit. La honte l'a empêché.

Cette phrase, quand même.
« Jessie, il faut que tu nous fasses un fils. »
Un fils. Pourquoi les hommes tiennent-ils autant à ce qu'on leur donne des fils ? Pas des enfants, non. Des fils. Alors que pour la plupart d'entre eux, ils vont s'évaporer dans la nature à la première difficulté, et refuser de s'en occuper.

J'avais 27 ans quand j'ai rencontré le père de Marco. Je venais d'être titularisée et je passais toutes mes soirées avec l'esclave, chez Shéhérazade, mais j'avais mon vendredi, alors j'allais au cinéma. La séance de 11 heures. Ludo y travaillait comme ouvreur. Il était souvent seul à tout faire, encaisser les places, les boissons, le pop-corn. Comme je revenais chaque semaine, on a fini par discuter. Un matin, il a demandé s'il pouvait s'asseoir dans la salle avec moi. Il s'était débrouillé pour se faire remplacer. Le film, c'était un chef-d'œuvre. *Million Dollar Baby*. J'ai eu du mal à quitter mon siège après le générique, sortir du cinéma, suivre Ludo dans la rue jusqu'au café où il avait prévu de m'inviter à déjeuner. Je n'arrêtais pas de penser à Clint Eastwood et Hilary Swank. Je n'avais pas décroché un mot du repas.

– Avec Ludo, ça n'a jamais été passionnel, j'ai fini par dire tout haut.

On était toujours assis dans l'herbe, à suivre du regard ce cheval de concours. Marco a décapité un pissenlit et jeté la tige le plus loin possible.

– Le coup de foudre, les papillons dans le ventre, tout ça, on ne l'a pas eu, j'ai poursuivi. Mais ton père a été à la hauteur au moment où j'en avais le plus besoin.

Il m'écoutait.

– La plupart des gens ne savent pas réagir face au deuil, j'ai dit. Ils nous évitent, nous les proches, comme si on était contagieux. Ludo, non, quand Benoit est mort, il a été parfait. On venait de se rencontrer mais il a vu que j'allais crever. Je ne faisais que pleurer, je me réveillais la nuit pour pleurer.

Il m'a quasiment portée jusqu'à Angoulême pour les funérailles. C'est lui qui se baissait pour faire mes lacets. C'est lui qui enlevait le manteau de mamie. On n'arrivait plus à rien. Je ne le souhaite à personne, c'est un cauchemar qui ne s'arrête pas. Je ne dormais plus, et quand je finissais par m'écrouler, j'avais l'impression de me reprendre la nouvelle au réveil.

J'ai pris un instant pour respirer. Quinze années s'étaient empilées sur la douleur mais il suffisait d'y penser pour que les larmes reviennent.

– J'ai traversé les obsèques en apnée. J'avais écrit des phrases sur un bout de papier, comme quoi Benoit était un frère formidable, et tout, mais j'étais trop anéantie pour déblatérer de l'eau tiède dans un micro, alors je me suis excusée mais ce n'était pas possible. Quand tout a pris fin et qu'on est rentrés à Paris, j'ai dit à Ludo que je ne pouvais pas rester chez moi. C'était au-dessus de mes forces. Il m'a aidée à faire une valise et m'a emmenée chez papy. Mamie a fait la même chose, elle est revenue à Aulnay. On avait besoin d'être ensemble, comme avant, sous le même toit. Ludo a compris ça. Le mois qui a suivi, j'étais enceinte de toi. On a emménagé dans un petit appartement derrière celui de papy, celui où j'avais grandi, et voilà. Benoit est mort le 4 avril 2005. Tu es né neuf mois plus tard.

– C'était quel genre de mec, Benoit ?

– C'était un petit con comme toi.

Un sourire a éclairé son visage. Quand il souriait comme ça, il me donnait envie de chialer.

– Non mais sérieux.

– C'était une grande perche d'1 mètre 95. Sur les photos, je me mettais toujours sur la marche du dessus, sinon on ne rentrait pas dans le cadre. Il avait de longs bras maigres et des genoux cagneux mais ça ne le dérangeait pas pour critiquer mon physique. J'avais des piercings à l'époque, et des bagues à tous les doigts. Il me répétait : « Quand on n'a pas de jolies mains, on n'attire pas l'attention dessus. » C'est malheureux mais il était déjà mort quand j'ai rencontré sa copine, et j'ai été étonnée de découvrir que c'était une petite boule. Vraiment : petite et obèse. J'ai pensé, Ah ouais, il était classe, mon frère, puis je me suis dit, quel salaud de m'avoir emmerdée toutes ces années.

– Vous étiez proches ?

– On a eu une relation bizarre. On était complices quand on était gamins. Il jouait à l'élastique, à la coiffeuse, ce que je faisais, il le faisait. Et quand je suis entrée au collège, tout a changé. Les violences que je subissais, je les reportais sur lui, à la maison. Il s'est renfermé. Il jouait à Fifa toute la journée, il fumait des tonnes de shit, il s'est fait virer du lycée. Je lui donnais des cours de maths mais j'ai pas réussi à l'aider et il a raté son bac. Mamie lui avait dégoté un BTS dans une boîte privée, il ne l'a pas eu non plus, et deux mois après mon départ, il a quitté la maison. Je l'avais accompagné à la gare, il avait plein de sacs. Je l'avais aidé à trouver sa place dans le wagon, et je suis restée longtemps après, sur le quai. J'avais mal au ventre et le cœur qui pesait une tonne. Le soir même, j'avais reçu un texto: «C'est pas facile d'être adulte. Vous me manquez. Même papa me manque.» Bizarrement, il a fallu 500 kilomètres entre nous pour réaliser qu'on tenait l'un à l'autre. On se parlait tous les jours sur MSN. C'était une sorte de messagerie sur Internet qui a disparu. Je savais que ça disparaîtrait alors j'avais imprimé nos conversations. Elles sont dans ma chambre, dans une boîte à chaussures. Y a un peu plus de trois cents pages. Je les relis quand je suis seule.

– Y a quoi dessus?

– Des phrases magnifiques. Un soir de déprime, je lui avais écrit : « J'en ai marre de ne pas rentrer dans le moule, qu'est-ce qui ne va pas chez moi ? — T'es pas une conformiste, il m'avait répondu. Tu seras heureuse quand t'auras trouvé ton moule. Il existe, continue de le chercher. Et surtout, quand tu l'auras trouvé, pense à mettre un peu de beurre au fond, pour pas que ça accroche. » Il était sensible, cultivé, intelligent, brillant même, mais pas scolaire pour un sou. L'inverse de moi qui étais première en tout parce que j'avais compris qu'il suffisait d'apprendre par cœur.

À l'adolescence, Benoit a eu très mal au ventre. On pensait que c'était la poussée de croissance. On se disait : Il a grandi trop vite, mais je crois que c'était l'école, il était terrorisé à l'idée d'y retourner. Son truc à lui, c'était la lecture. Beaucoup de science-fiction. Il avait avalé tout Bernard Werber avant de s'attaquer à Barjavel, Damasio, des trucs plus costauds. Il parlait peu, à table je faisais les questions et les réponses. Ça m'énervait de le voir dériver comme ça, en marge du monde. Quand j'ai quitté la maison, il n'a pas supporté de rester seul avec notre père. Papa était invivable. Il gueulait parce qu'il trouvait un yaourt périmé dans le frigo, parce qu'on oubliait d'acheter le pain, parce qu'il manquait de café, parce qu'il y avait une tache sur la table basse ou de la poussière sur l'écran de la télé. L'inspection permanente. Il n'a pas changé là-dessus. Quand il vient à la maison, il fouine et il jette. Il y a des filles qui sont fascinées par leur père, qui disent « mon père c'est toute ma vie ». Ce n'est pas mon cas. Quand ma mère l'a trompé, je ne lui en ai pas voulu deux secondes. Pour se venger, j'imagine, il avait brossé un portrait d'elle en mère indigne, une mère sans instinct, qui n'avait pas su faire à ma naissance et s'était interdit de m'embrasser. J'avais haussé les épaules. Je le savais. Le seul geste tendre qu'a eu ma mère à mon égard, c'était cinq jours après la mort de Benoit, au cimetière. Avec leurs manières bien à eux de s'adresser aux proches, des manières de faux-cul, les employés des pompes funèbres avaient demandé à la famille de s'avancer pour un dernier geste. Au moyen de cordes épaisses qui rappelaient celles d'un chalutier, le cercueil de Benoit avait été descendu dans le trou, si profond qu'on aurait dit un puits. J'avais du mal à respirer.

Je l'imaginais dans cette boîte, sous ces tonnes de terre, les yeux fermés, les mains jointes sur un costume Zara qu'il n'avait jamais porté. Je suffoquais. Ma mère a ouvert les paumes au-dessus du cercueil de son fils pour en libérer des pétales de rose, puis elle est venue se poser à côté de moi et m'a passé la main dans les cheveux. Voilà, en quarante-cinq ans, je me souviens de ça.

– Je ne suis revenue qu'une fois sur la tombe. Seule. Au long des six heures qu'avait duré le trajet, j'avais hésité à faire demi-tour, et devant la pierre, je n'avais eu que des reproches à la bouche : « Pourquoi t'es parti comme ça ? Pourquoi tu m'as laissée seule avec eux ? » Au fond, je lui en voulais. Il n'avait pas le droit de mourir. Pas à 22 ans. Benoit répétait souvent : « On aurait besoin d'une bonne psychanalyse dans la famille, ils sont fous les parents. »

– Comment il est mort ? a demandé Marco.

Il savait, bien sûr, pour l'accident.

– Quand j'ai eu accès au rapport des pompiers, j'ai su qu'à l'heure précise à laquelle il avait perdu le contrôle de sa voiture, traversé la ligne continue et percuté de front cette Mercedes E 250, j'étais en récréation. J'avais épuisé mes quinze minutes de pause à tenter de joindre ton père. J'aurais pu en prendre une, rien qu'une seule, pour appeler Benoit. Lui dire qu'il me manquait. Que je l'aimais. Quand les secours sont arrivés, *The Documentary*, l'album de The Game, tournait encore sur l'autoradio. C'était mon cadeau pour son anniversaire.

– C'est pas ta faute, a murmuré Marco.

– La dernière fois que je l'ai vu vivant, je lui avais prêté ma voiture et je lui avais dit : « Surtout, ne freine pas dans les virages. » La voilà, la culpabilité. Il n'a pas freiné. Et il est mort. Seul. À Mouillac, dans un petit bled.

« Les accidents mortels surviennent à moins de cinq kilomètres de votre domicile. » C'est la seule information que j'avais retenue de mon stage de points de permis. Les accidents mortels surviennent à moins de cinq kilomètres de chez soi, sur des routes qu'on connaît par cœur, des routes rassurantes qui appellent à prendre de la vitesse et monter le volume. Je savais que Benoit habitait un village, je savais qu'il fumait trop, je savais que ça n'arrivait pas qu'aux autres. Et ça me torture, de réaliser que je n'y peux rien. On se jure d'être là les uns pour les autres, de se protéger, et tout, mais c'est faux. On n'a que nos yeux pour pleurer.

– T'as pensé à quoi, quand je t'ai appelée, tout à l'heure ? il a demandé.

– Un accident de la route. Une overdose. Dans l'ordre, j'ai pensé à ça.

Le soleil l'obligeait à plisser les yeux. Il a incliné la tête pour croiser mon regard.

– T'aurais aimé ? Une overdose. T'aurais été débarrassée.

– Dis pas ça. T'as pas le droit de dire ça.

– Tu regrettes de m'avoir eu ?

– Non. Bien sûr que non.

– Je suis censé remplacer Benoit. C'était ça, le plan, si j'ai bien compris.

– J'ai pensé que tu comblerais le manque.

– Et je le comble ?

– Les gens ne sont pas des vases communicants. On ne remplace pas les morts.

– Alors tu regrettes.

– Non, je regrette pas. Mais je pensais réparer la mort de Benoit, et regarde le chemin que tu prends. Il s'est rétamé en seconde, comme toi, il fumait trop de shit, comme toi, il se sentait comme une merde parce que papy le rabaissait, et regarde-nous, regarde la relation qu'on a. Je fais la même chose, exactement la même chose, et tu ne vas pas bien. Je le vois que tu ne vas pas bien !

La colère et l'épuisement m'avaient poussée à hausser le ton. J'avais l'impression d'être un suspect lessivé par deux jours de garde à vue, qu'on extrait enfin de cellule pour l'interrogatoire. Marco, lui, savait s'exprimer d'une voix égale.

– Donc tu regrettes, il a répété.

– Non, je regrette pas. Mais c'est tellement dur… J'ai semé les mauvaises graines et j'ai l'impression que c'est trop tard, j'ai été nulle avec toi, Marco. Je voudrais recommencer à zéro. Je m'y suis mal prise et j'ai personne pour partager les torts. Ton père s'est évaporé. Tes grands-parents ne sont jamais là. Y a que moi. Y a que moi et je peux remettre la faute sur personne.

– Tu parles de moi comme si j'étais mort.

– Arrête. Je te connais. Tu vas me pousser comme ça jusqu'à ce que je pète les plombs et après tu jouiras d'avoir su garder ton calme, de me faire passer pour la folle qui hurle parce que toi tu t'en fous, tu t'en fous de tout, mais t'es pas heureux, je suis pas heureuse, et c'est trop ! Regarde-nous, là, regarde-nous ! C'est trop ! J'ai envie de pleurer.

– Eh ben pleure. Te gêne pas, il a dit.

Puis il a ramassé un caillou et l'a lancé en direction du cheval. L'animal a continué de tourner à pas lents dans son enclos, sans prêter attention au projectile.

– T'inquiète, a continué Marco. Je vais partir loin. Tu seras débarrassée.

La discussion s'est arrêtée là-dessus. Je me suis rassise dans l'herbe et j'ai pensé à mon rendez-vous trois jours plus tard avec l'assistante sociale. Elle voulait me voir pour « parler de la situation à la maison ». Marco allait rencontrer une éducatrice. Je me suis demandé s'il lui parlerait d'émancipation. Il avait plus de 15 ans, ses envies seraient prises en compte. J'ai essayé d'imaginer à quoi pourraient ressembler nos vies s'il venait à être placé, puis mon esprit a divagué et j'ai repensé à mon accouchement. La douleur me déclenchait des vomissements. Une petite bassine en carton que m'avait donnée la sage-femme se remplissait de bile au rythme des contractions. Quand enfin l'anesthésiste s'était rendu disponible, la péridurale n'avait pas fonctionné. Il s'y était repris à trois fois pour me la poser. Les heures passant, le pouls du bébé s'était mis à ralentir et il avait fallu le sortir d'urgence. Marco ne pesait pas trois kilos. Son crâne était déformé par les instruments. Il avait des poils très noirs sur le front, les fesses et les épaules. Je le trouvais magnifique mais je ne pouvais m'empêcher de penser qu'il ressemblait vraiment à un petit singe. Il s'est d'abord pris une jaunisse, puis de l'acné du nourrisson, des coliques qui le poussaient au bord de l'évanouissement et une bronchiolite qui m'avait inquiétée au point d'envisager une hospitalisation en réanimation. La pédiatre m'avait demandé de surtout bien vérifier son nez. « Si ses narines s'épatent à l'inspiration, c'est qu'il manque d'air et que son corps cherche de l'oxygène. Dans ce cas, vous n'hésitez pas, vous courez aux urgences. » Il avait toussé toute la nuit, et la suivante, mais ses narines étaient restées à leur place.

– On se casse ? a lancé Marco. J'ai soif.

Je me suis souvent demandé comment faisaient les familles qui n'avaient pas de problèmes. Ces parents d'élèves brillants, qui viennent aux réunions d'information, qui répondent aux mots dans le carnet, qui posent des questions et qui trouvent le temps de faire la fête à côté, d'avoir une vie à eux, des vacances qui ne se résument pas à foutre leur gamin en pension quelque part : au Club Mickey ou chez les grands-parents. Si je ferme les yeux, là tout de suite, je peux en citer cinq ou six, des gens que je connais et qui ont l'air heureux dans une famille heureuse, saine, pas déchirée par la rancœur, la jalousie et les secrets. Mais à chaque fois que j'ai eu l'occasion de jeter un œil sous la peinture, gratter le vernis, tout ce que j'ai trouvé, c'est de la pourriture. Les histoires de famille, ça ne prend pas l'air à force d'être tues, et ça moisit. Au début, on ne voit rien. Comme un feu sous la terre, on n'interroge pas ce qui bout sous nos pieds, il est encore possible de faire comme si tout allait bien. Mais avec les années, tout le monde sera touché, les vieux chênes, les jeunes pousses, tout le monde en crèvera par les racines. Alors j'ai fini par admettre que ça n'existait pas, les familles sans problèmes, qui s'aiment et se parlent vraiment. Pas seulement de la pluie et du beau temps, du petit dernier qui fait ses dents ou de ce qu'on pense de la Palme d'Or, mais des familles dans lesquelles on ose répondre « non, ça ne va pas » quand la question vient après une longue absence.

Marco, je n'ai jamais voulu en faire une star, un avocat, un chirurgien, un pilote d'avion ou un champion de quoi que ce soit. Je m'étais promis d'être là pour lui. Voilà pourquoi je voudrais remonter le temps. Il est trop tard maintenant.

Il m'arrive de faire ce rêve, qui est plutôt un souvenir d'ailleurs car c'est arrivé dans la vraie vie. Marco était petit. On était en vacances dans le Sud-Ouest avec Sophie. Elle venait d'apprendre qu'elle n'aurait sans doute jamais d'enfant. Insuffisance ovarienne précoce. J'avais peur que cette semaine au contact de l'enfant d'une autre lui soit insupportable, mais au contraire, elle était heureuse de passer du temps auprès de Marco. Elle s'en voulait de ne pas l'avoir vu grandir et lui avait acheté un cadeau, un kit de petit aventurier qui contenait un talkie-walkie, une paire de jumelles et un gilet multipoches. Marco ne quittait plus ses jumelles, il dormait avec elles. Un matin, alors qu'on prenait le petit déjeuner sur la terrasse, il a regardé au travers et repéré, au loin, ce qu'il imaginait être un tipi d'Indiens. Sophie a ri dans son café en l'entendant s'exclamer qu'il avait repéré un tipi d'Indiens, mais il était sûr de lui. C'était l'époque où il collectionnait les *Yakari*, ça a pu l'influencer. Toujours est-il qu'il refusait d'entendre que ce qu'il voyait dans ses jumelles pouvait être autre chose qu'un tipi d'Indiens, alors je lui ai dit: «Viens, on y va. On va vérifier.» La chose se situait à peut-être deux kilomètres, au sommet d'une colline. J'ai jeté une bouteille d'eau et un goûter au fond d'un sac, et on s'est mis en route. C'était plus long que prévu, il avait fallu franchir des clôtures électrifiées, couper à travers un champ fraîchement retourné, éviter un troupeau de brebis et gravir cette satanée colline pour arriver devant les fameux tipis. C'était du foin, laissé là pour les bêtes. Des meules de foin, relativement pointues, certes, mais rien que des meules de foin. Devant le fait accompli, Marco n'en a pas démordu. C'était bien des tipis, des Indiens vivaient là, ils étaient sans doute partis chasser le bison ou laver leurs frusques dans un torrent, pas loin.

Voilà, il m'arrive de rêver de ça.

Il n'y a pas de fin. On reste tous les deux au pied de ce tas de foin, à manger notre goûter en attendant que les Indiens nous cueillent. Je sais que c'est du passé tout ça, que le passé s'en va en laissant des souvenirs, et que les souvenirs ça ne sert à rien, à part pleurer sur les morts et ceux qui ont changé. Mais c'est comme ça, je n'y peux rien.

On a repris la voiture et découvert que Reims n'était qu'à un quart d'heure par les petites routes. Un embouteillage bloquait l'entrée de la ville. Un motard avait chuté sur la voie d'en face. À la recherche d'une masse sous une couverture de survie, voire mieux, d'une traînée de sang, les badauds ralentissaient devant l'engin, couché sur le flanc. J'ai allumé la radio. Je ne connaissais pas les fréquences dans la région et retombais comme une malédiction sur les mêmes publicités pour des pergolas ou des côtelettes d'agneau. J'allais abandonner quand l'animateur a promis « vingt minutes de musique sans pub ». Le premier titre était un live de *Starmania*. Les notes de piano étouffaient sous le bourdonnement des moteurs à l'arrêt. J'ai fermé les fenêtres.

J'ai pas demandé à venir au monde
Je voudrais seulement qu'on me fiche la paix
J'ai pas envie de faire comme tout le monde
Mais faut bien que je paye mon loyer…

La « Complainte de la serveuse automate ». Je connaissais les paroles, ma mère avait l'album. Un album bleu, tout en faisceaux lumineux. Elle devait l'avoir avant la séparation mais je n'ai pas le souvenir qu'elle l'ait écouté à la maison, avec papa. Je la revois lancer l'intro pour me sortir du canapé – elle occupait l'unique chambre de son appartement de célibataire. J'ouvrais l'œil sur « Quand on arrive en ville », imaginant Balavoine, nuque longue roulant des épaules dans une veste en denim sans manches, un cran d'arrêt dans la poche. Encore dans le coaltar, j'enfilais un short abandonné sur un dossier de chaise et me traînais jusqu'à la cafetière, laissant Fabienne Thibeault, par-dessus les cris du public, se désoler de son poste de serveuse souterraine. Un jingle a sonné 7 heures. Une journaliste a déroulé son flash info et l'animateur a repris l'antenne avec sa voix d'auto-tamponneuse pour lancer Whitney Houston. J'ai hésité en reconnaissant l'intro tout en percussions, car elle ressemble à s'y méprendre à celle d'une autre chanson de l'artiste, plus connue, « I Wanna Dance With Somebody (Who Loves Me) », mais c'était bien « How Will I Know », sixième piste du premier album, paru en 1985 et sobrement intitulé *Whitney Houston*. J'avais 6 ans en 1985. J'écoutais Henri Dès, essentiellement, mais quatre ans plus tard, quand je suis tombée sur cet album chez un disquaire, j'avais embrassé une tout autre culture, et je l'ai acheté. C'était la première fois que je m'offrais de la musique avec mon argent de poche. Je n'avais pas de lecteur, je débranchais celui de mes parents et le traînais avec les enceintes du salon jusqu'à ma chambre. Nous étions en 1989. Whitney était une star mondiale. Avec Madonna, Tom Cruise et Mylène Farmer, elle apparaissait à la une de tous mes numéros de *StarMag*. Je connaissais son visage, les boucles de ses cheveux, son corps de mannequin, son sourire d'Américaine, et c'est la raison pour laquelle j'avais tiqué en découvrant la photo de couverture. Whitney a 22 ans. Ses cheveux sont coupés court, son regard maquillé à la perfection. Drapée en vestale dans un linge de soie beige, elle est assise dans un fauteuil en rotin, un collier de nacre autour du cou. J'ai beaucoup écouté cet album pendant mon année de CM2, et j'ai continué de l'écouter au collège, particulièrement les sales journées, celles où se conjuguaient la rage et la haine. Le disque est tout entier dédié au chagrin d'amour, mais à la sixième piste, après avoir pleuré sur « Saving All My Love For You », « How Will I Know » arrive comme une chanson d'espoir, une chanson pour sortir de son lit et se mettre à danser. J'avais les paroles dans le livret, je m'étais entraînée. J'ai augmenté le volume et je me suis mise à chanter.

There's a boy I know
He's the one I dream of
Looks into my eyes
Takes me to the clouds above…

Marco me dévisageait tandis que j'enchaînais sur le refrain. « How Will I Know », c'est l'histoire d'une fille qui s'interroge sur ses sentiments. Elle aime un garçon comme elle n'a jamais aimé personne, et elle se demande si c'est le bon. Il la regarde dans les yeux et l'emmène au septième ciel, mais comment savoir ?

How will I know if he really loves me?
I say a prayer with every heartbeat
I fall in love whenever we meet
I'm asking you 'cause you know about these things

«*Don't trust your feelings*», «*Love can be deceiving*», l'avertissent ses choristes, mais Whitney s'entête et sa manière de s'interroger laisse penser qu'elle va y aller, elle va essayer. Je l'ai suivie dans les temps jusqu'à ce que le type de la radio fasse claquer son jingle. Marco s'est moqué mais il était quand même impressionné. Il a demandé où j'avais appris à chanter comme ça.

– À la maison. J'avais pas le droit de sortir et je voulais être célèbre. Je m'entraînais dans ma chambre.

– En vrai, c'est une chanson de merde mais tu chantes propre. Aigu et tout. C'est qui la fille?

– Whitney Houston.

– Jamais entendu parler.

– Une Américaine. Elle est morte il y a dix ans.

– Quel âge?

– Elle était jeune. Mon âge d'aujourd'hui, je dirais.

– Pas si jeune alors. Elle est pas dans le Club des 27.

– Overdose. C'est triste. C'était une voix incroyable, une des seules à tenir cinq octaves, avec peut-être Mariah Carey.

– Ça y est, tu te remets à parler chinois.

J'ai éjecté Tracy Chapman du lecteur et farfouillé à l'aveugle sous mon siège. J'avais acheté le best-of publié par la maison de disques quelques semaines après sa mort. « I Will Always Love You » ouvrait l'album.

– Tu me remets ta toxico, là ?

– Tais-toi, s'il te plaît.

Whitney a murmuré « *If I should stay…* », puis elle a déroulé son chef-d'œuvre. Marco a respecté un moment de silence après la note finale, tenue jusqu'au dernier souffle d'air, avant de lâcher : « J'avoue. Voix de ouf. » Cette scène dans la voiture n'a pas duré dix minutes mais elle constitue l'un de mes plus beaux souvenirs auprès de lui. Quand je pense à mon fils aujourd'hui, je vois ce visage aveuglé de soleil, qui rit aux éclats en découvrant que sa mère bonne à rien chante juste et dans un anglais parfait.

Ensuite, le trafic s'est fluidifié et on a pu entrer dans Reims. J'ai suivi les panneaux qui menaient à la cathédrale. On en a fait le tour au ralenti, en silence, et parce que c'était la seule information que j'avais conservée de cet endroit, j'ai fini par dire tout haut que les rois de France avaient reçu leur sacre ici, dans cette cathédrale.

– Même Louis XIV ? a demandé Marco, le nez en l'air.

– Ouais, toute la collection des Louis.

– Pourquoi ils faisaient pas ça à Paris ?

– Bonne question. J'en sais rien…

– Tu sais quand même pas grand-chose, pour une prof, il a dit.

On est restés encore un moment à admirer les détails gothiques de l'édifice, puis Marco a répété qu'il avait faim et on s'est mis en quête d'une brasserie ouverte le dimanche matin. Attablé à sa terrasse, le patron d'un kebab lisait *L'Est républicain*.

– C'est ouvert, chef? a lancé Marco.

L'homme lui a jeté un œil par-dessus ses lunettes. C'était un Algérien d'une cinquantaine d'années, avec un tablier noué à la taille.

– Je voulais pas vous déranger, s'est excusé Marco. Les nouvelles sont bonnes ?

– Bof. Comme d'hab, a répondu le type en souriant. Les politiques piquent dans la caisse.

Dans son dos, un SDF – un visage soigné malgré les rides qui lui fermaient les yeux, mais ses mains couperosées le trahissaient – a répété la phrase pour lui-même : « Les politiques piquent dans la caisse. » L'entendre de sa propre voix était irrésistible. Il est parti dans un grand éclat de rire avant qu'une toux aride ne le ramène à la réalité.

Le patron s'appelait Djamel, avec un D. Il ouvrait à 6 h 30 pour les ouvriers du chantier d'à côté.

– Quand il fait chaud comme ça, ils embauchent à 4 heures. La pause ne va plus tarder.

Sa boutique, c'était un kebab sans fioritures, avec un tournebroche et des bacs en inox derrière une vitrine. Marco a demandé un sandwich complet, salade, tomates, oignons, « avec sauce samouraï pour le pain et Biggy Burger pour les frites ». Djamel l'a servi avant de replonger dans son journal.

– Mais vous le lisez vraiment ? s'est étonné Marco.

Ça lui paraissait incongru.

– Et qu'est-ce que tu crois que je fais ? Je regarde les images ?

– Je sais pas, je connais personne qui lit le journal, a confessé Marco.

– Alors figure-toi que non seulement je le lis, mais il y a carrément un type qui me le livre ici tous les matins.

– Ah ouais, comme dans les films. Un petit à vélo qui le balance sur le paillasson.

Djamel a souri, et tandis que Marco croquait dans son sandwich, il a tenté de lui expliquer qu'il faisait sans doute partie d'une génération disparue, mais il avait besoin de toucher le papier, sentir l'encre, tourner les pages.

– Avoir entre les mains quelque chose que je peux plier, raturer, foutre au fond de la caisse du chat. Et puis tu peux lire ce qu'il y a dedans aussi, c'est pas interdit. Aujourd'hui ça parle du ministre du Logement qui a détourné de l'argent.

Djamel avait l'air d'aimer la politique. Ça me surprenait. J'avais cessé de voter il y a longtemps, persuadée que ça n'avait plus de sens, sinon à jouer leur jeu.

– Je suis un indécis, moi, un sûr de rien, a poursuivi Djamel. J'aime les gens qui doutent, comme

Anne Sylvestre. Donc quand le président dit « blanc », je dis « blanc » aussi, mais je vérifie avant, voyez, je me renseigne.

Il a vite atteint le point Godwin.

– Le problème, c'est que la politique ne se fonde plus sur des principes mais sur un électorat. C'est l'expérience de Asch sur le conformisme. C'est ce qu'il s'est passé avec les Allemands en 1930. Parce que, bien sûr, Hitler quand il est arrivé au pouvoir, il a fait les autoroutes, la voiture du peuple, Volkswagen, c'était le miracle économique. D'ailleurs en 1938 les Américains de *Time Magazine* l'ont mis à la une, et allez hop, Hitler homme de l'année ! Effectivement, l'économie allemande a remonté la pente. Mais au détriment de quoi ? Hitler, il avait de l'amour, mais pas pour tout le monde. Pour les blonds aux yeux bleus, ça oui. Et pour les animaux. Il adorait les chiens.

– Ouh là, comment on l'arrête ? a plaisanté Marco.

– Je ne plaisante pas ! Il a fait la Première Guerre, Hitler. Pas loin d'ici, d'ailleurs. À l'aube, depuis le fond de sa tranchée, il a entendu un chien aboyer. Il a quitté son poste pour aller voir ce qu'avait le chien, et quand il est revenu sur ses pas, un obus avait décimé sa section. Aucun survivant. D'où son amour pour les chiens.

– Qu'est-ce que vous faites ici, à servir des kebabs, si vous connaissez tout ça ? a demandé Marco.

– Oh, c'est juste pour travailler, ça, c'est un corps de métier. Ma fonction première, c'est de combattre les injustices et les inégalités. John Rawls a écrit un livre formidable qui s'appelle *Théorie de la justice*, dans lequel il identifie le voilement des origines comme premier principe d'égalité. En gros, le lieu de naissance ne devrait pas donner plus de droits à un être humain qu'à n'importe quel autre. J'ai deux enfants. Ce que je veux pour eux, je le veux pour tous les enfants du monde.

– Vous êtes né à Reims ? j'ai demandé.

– Paris 13e. J'aurais pu apprendre le mandarin, il n'y avait que des Chinois dans ma classe. Le hasard m'a fait rencontrer une Champenoise, elle m'a montré sa campagne et voilà, on s'est installés ici. J'aime bien, c'est calme. Mais ce que dit John Rawls, c'est qu'on y est pour rien. On est sortis du ventre de notre mère comme on aurait pu sortir du ventre de n'importe quelle autre. Si j'étais né du ventre de

Mme de Gaulle, pourquoi ça me donnerait plus de droits ? On n'apprend pas de nos erreurs : les uns contre les autres alors qu'on est une grande famille. Vous et moi, on est frères et sœurs dans la biologie moléculaire.

Il a ouvert grands les bras et m'a arraché un sourire.

– Ça vous fait rire ? Il y a très peu de choses qui nous divisent. Vous êtes humaine, je suis humain. Pourtant on se tape dessus pour une religion, pour une couleur de peau.

– Vous êtes philosophe, j'ai dit.

– Je ne vois pas matière plus essentielle que la philosophie. Vous ne vous posez jamais de questions ? Moi je me pose tous les jours les trois questions existentielles : D'où viens-je ? Que fais-je ? Où vais-je ? Ce que dit Rousseau, c'est que notre dénominateur commun, ce n'est pas la joie, mais la douleur. La douleur, vous, moi, tout le monde la connaît.

Il s'est tourné prudemment vers le SDF, assoupi devant sa tasse. La mousse du café séchait contre les parois.

– Je vois un être humain dans la difficulté, je ressens de l'empathie. Ce qui te fait mal me fait mal.

C'est ça, qu'il faut produire. C'est pas la joie, c'est pas les milliards. On sera bien quand tout le monde sera bien.

Marco lui a rétorqué que c'était des conneries, ça, l'argent qui ne ferait pas le bonheur.

– Je peux vous dire qu'avec 10 millions, je suis un homme heureux.

– L'argent, j'en ai besoin comme tout le monde, a nuancé Djamel, mais regardez Rockefeller, mort à 97 ans avec 300 milliards sur ses comptes. Ou Bernard Arnault, 200 milliards et ça augmente. Qu'est-ce que tu vas faire de tout cet argent ? T'as vingt, trente, quarante maisons. Quand tu vas mourir, tu mourras dans une seule, non ?

Marco a attaqué son tas de frites en interrogeant Djamel sur sa vie d'avant. Ça l'intriguait qu'un type pareil se retrouve à peler de l'agneau à la broche pour des sandwichs à 5 euros. Djamel avait joué au football avant de choisir la boxe thaïe, contre l'avis de ses parents.

– À l'époque, c'était vu comme un sport de racailles. Ma mère priait pour que je me prenne une raclée et que je n'y revienne plus, mais je suis monté haut. J'ai gagné un championnat du monde en 2003, contre un Russe, aux États-Unis. J'ai boxé à Bercy, sur Canal+, j'étais un gladiateur, « du pain et des jeux », faut amuser la galerie. Mais au final, je vous jure, j'aime pas vraiment ça…

– Vous vous appelez comment ? a demandé Marco en attrapant son téléphone. Vous avez une fiche Wikipédia ?

Djamel a épelé son nom de famille. Il disait vrai. Plusieurs articles le montraient, jeune, les poings hauts, le torse épais. Il avait bel et bien été champion du monde de muay-thaï en 2003.

Je crois que c'est à ce moment-là qu'ils ont fait irruption. Deux garçons et deux filles. La trentaine. Ils ont traversé la terrasse pour s'installer à une table du fond. Ils riaient fort. Ils sentaient l'alcool. Leur façon de bouger, de s'esclaffer, de recoiffer les mèches poisseuses qui leur collaient au front, tout ça trahissait un état que j'avais connu il y a longtemps. Ils avaient faim. Ils n'avaient pas dormi. Ils avaient pris de la drogue. Ils en prenaient encore. Le plus viril des garçons, celui qui semblait avoir l'ascendant sur l'autre, un brun aux sourcils broussailleux, arborait sur les bras une collection de tatouages enfantins. Je me souviens d'une ancre de marin au trait grossier, comme celles que les vieux taulards se fichaient sous la peau. Il portait des bottines en cuir et, sous sa chemise de soie, on devinait les coutures d'un débardeur. Il tenait une fille par l'épaule et l'a embrassée. Malgré son teint cireux, on voyait qu'elle était très jolie. Ses jambes s'allongeaient sous la table – les attaches fines, les cuisses fuselées – et butaient dans les tibias de sa copine, défoncée, qui dormait sur sa main et se réveillait de temps en temps pour sourire et montrer aux trois autres qu'elle respirait encore.

Les garçons se sont passé un truc sous la table. Djamel l'a remarqué et nous a laissés pour aller prendre leur commande.

– Quatre Ricard et une côte de bœuf ! a lancé le petit chef.

Djamel s'est excusé, il n'avait pas d'alcool fort.

– J'ai des bières au frais, c'est tout ce que je peux vendre, avec ma licence.

– Elles sont à combien, tes bières ?

– Deux euros.

– Nan. Combien d'alcool. Les degrés.

– Ce sont des bières classiques. Des Heineken.

– Allez, ça part. Mets-en quatre.

– Vous mangez quelque chose ?

– Ouais, on veut bien la carte. Et un cendrier !

– Il n'y a pas de carte, a rétorqué Djamel. Il faut se déplacer.

La fille mal en point a renversé sa chaise. Elle a ri en la ramassant, a titubé jusqu'au comptoir et s'est stabilisée en attrapant une canette que Djamel venait de sortir du frigo. Des gouttelettes de condensation ruisselaient sur l'aluminium.

– Un jambon-beurre, c'est possible ? a demandé le petit chef.

– Je n'ai pas de porc, a répondu Djamel.

– Bah oui, forcément… Eh bien, puisqu'on a le choix, le classique. Salade, tomates, oignons, mais sans oignons.

Le pain ouvert au creux de sa main, Djamel piochait dans les garnitures.

– Attends, non, s'est repris le petit chef. Mets-moi un complet, sans oignons, sans salade, sans tomate et sans viande.

– Du pain, donc.

– Du pain, ouais. Mais attention, je veux ta meilleure sauce. La sauce des grandes occasions, celle que tu gardes pour ta femme et tes gamins.

Ça avait été mon problème toute ma vie. Ne pas rester à ma place. Être débordée par mes émotions. J'aurais pu, bien sûr, laisser un ancien champion du monde de boxe se débrouiller avec ces abrutis.

– Tu as quel âge ? j'ai demandé.

Le petit chef a eu un mouvement de recul, avant de réaliser que cette question avait été formulée par une femme. Il m'a dévisagée.

– Il y a un problème ?

– Non, mais…

– Rasseyez-vous dans ce cas. Ça va bien se passer.

Il a eu un regard pour les hyènes rieuses qui l'accompagnaient. J'étais trop absorbée par le visage de ce jeune homme pour remarquer Marco qui se levait dans mon dos. La dernière fois que mes yeux s'étaient posés sur lui, il sauçait ses frites en silence. Il a saisi le petit chef par le col de sa chemise en soie et lui a balayé les jambes. Sa tête a heurté le carrelage. Il n'a pas perdu connaissance tout de suite. Il a reculé sur ses fesses jusqu'à ce que son dos rencontre le mur du fond, et sans rien pouvoir faire pour l'en empêcher, il a vu mon fils prendre son élan et lui envoyer la semelle de sa basket déglinguée dans la mâchoire. Ensuite, la lumière s'est éteinte. La nuque a cessé de tenir sa tête et les yeux ont volé en arrière. Marco a continué d'abattre une pluie de coups inutiles sur ce corps inerte, et j'ai cru qu'il allait le tuer, quand l'ami du petit chef, celui qui le regardait avec déférence, a saisi le cendrier au centre de la table et l'a fracassé à l'arrière du crâne de mon fils. Il y a eu un craquement, un silence, Marco s'est effondré. Une rivière poisseuse, dans laquelle se reflétaient les néons du restaurant, a serpenté entre les morceaux de verre, comblant lentement les joints du carrelage. J'ai hurlé. Djamel a fait pression contre la plaie avec ses doigts et m'a crié d'appeler les pompiers.

Marco a rouvert les yeux dans l'ambulance. L'urgentiste lui intimait de ne pas bouger, ça continuait de saigner. À l'hôpital, malgré la plaie béante et tout le sang perdu, les blouses de garde ne le considéraient pas comme prioritaire, pour la bonne raison qu'il n'était pas mourant. Il a attendu en grimaçant près de la machine à café jusqu'à ce qu'un interne appelle son nom de famille. Il l'a suivi dans le couloir, a passé les portes battantes et a disparu de mon champ de vision. Marchant dans l'autre sens, un médecin, tignasse hirsute et valises sous les yeux, s'est présenté à un homme assis à ma gauche, à deux sièges de distance. « Je suis désolé, il a murmuré. Le cœur a lâché. » Le visage de l'homme s'est voilé. Il s'est incliné légèrement et le chagrin a pris toute la place. Je n'arrivais pas à détourner le regard. Il avait la soixantaine, les golfes clairs, un bermuda bleu ciel et une chemise à carreaux qui épousait disgracieusement la forme de son estomac. Le médecin a posé une main sur son épaule, et l'a laissée là. Je me suis sentie coupable d'être témoin de tout ça, alors je me suis levée et j'ai marché jusqu'aux toilettes. Je n'avais rien à y faire. Je me suis regardée dans le miroir en laissant l'eau couler. J'avais la tête d'une fille qui a fait la fête. Quand j'ai retrouvé ma place, l'homme était parvenu à reprendre ses esprits. Il interrogeait le médecin, qui l'a invité à le suivre dans son bureau. Je suis restée seule, à me demander comment je réagirais si mon téléphone se mettait à sonner et qu'un inconnu au bout du fil m'annonçait que ma mère s'était fait renverser par une voiture, ou que mon père avait fait une crise cardiaque dans un de ces bains à rallonge qu'il se faisait couler tous les matins. Mes parents avaient bientôt 70 ans et le cancer était partout. Quelles seraient leurs dernières volontés ? Est-ce qu'il faudrait dire une messe ? Tout donner à la science ? Les incinérer et disperser leurs cendres en Méditerranée, depuis la rive d'Ischia, ou d'une autre de ces îles en face de Naples qu'ils aimaient beaucoup? Je n'en avais aucune idée. Je me faisais la promesse d'aborder le sujet quand cette nuit serait terminée, lorsqu'une policière m'a demandé si j'étais bien la mère du jeune agressé dans le kebab. C'était une blonde très mince, les cheveux coupés en brosse, avec des baskets jaunes, la même paire d'Asics que porte Uma Thurman dans *Kill Bill*. Elle avait du mal à comprendre ce qui s'était passé et prenait un temps fou pour noter ce que je lui racontais dans son carnet, écrivant chaque mot jusqu'à la dernière lettre. J'avais le sentiment qu'on en avait terminé quand il est apparu au fond du couloir. Une minerve enserrait sa nuque. Un pansement en turban, plutôt grossier, laissait échapper des touffes de cheveux. J'ai laissé un instant la policière.

– Qu'est-ce qu'ils t'ont fait?

Il m'a suppliée de ne pas crier. Ça le lançait, il sentait son cœur dans la plaie. L'interne m'a signé une ordonnance d'antibiotiques et s'est excusé au nom de l'hôpital, ils ne pouvaient pas le garder en observation.

– Même les brancards sont occupés. On pousse les gens dans les couloirs.

– Mais selon vous, il devrait rester en observation ?

– Votre fils a un traumatisme crânien. Il réagit bien aux tests mais il arrive que les effets de la commotion cérébrale se révèlent à retardement. Si on pouvait se le permettre, je le garderais la nuit pour être certaine qu'il ne risque rien.

– Non mais oublie, jamais je reste ici, l'a interrompu Marco.

– Je vous ai mis des anti-inflammatoires avec les antibiotiques. En cas de vomissements, vous n'attendez pas, vous faites le 15.

J'ai vérifié la tête de mon fils. Une large compresse se devinait sous les bandelettes, avec en son centre une tache de sang de la taille d'une pièce de monnaie. La policière a pénétré dans le cercle. Elle a informé Marco qu'une plainte avait été déposée pour violences volontaires ayant entraîné une incapacité temporaire totale supérieure à huit jours. Elle était là pour prendre sa déposition.

– Qui porte plainte ? a demandé Marco.

– L'autre. Celui qui a la pommette fracturée.

– Attendez, on veut porter plainte nous aussi, j'ai dit.

Elle nous y a encouragés, ne serait-ce que pour accéder au dossier. Puis elle a prié Marco de bien vouloir la suivre, elle avait repéré un endroit calme pour l'interroger. Je le voyais traîner des pieds dans le couloir quand mon téléphone s'est mis à vibrer.

Jalil.

J'ai inspiré.

– Je suis désolée, j'ai dit pour le précéder.

– Jessie… Tu es où ?

La fatigue avait remplacé la colère, je le percevais à l'intensité qu'il mettait dans sa voix. J'ai balayé du regard les murs blancs, le lino vert bouteille, lacéré de traînées noires laissées par des centaines de roues de brancards couinant vers le bloc opératoire.

– À Reims, j'ai dit. Je suis à Reims.

– Tu te moques de moi ?

– Non, c'est la vérité, on est à Reims… Ça a été une nuit compliquée. Pour tout te dire, je suis à l'hôpital. Marco s'est fait agresser.

Il a encaissé l'information.

– Écoute, je sais pas si c'est vrai, je sais pas ce que tu fais à Reims ni avec qui tu es, mais est-ce que tu te souviens que tu as une fille ? Depuis qu'elle s'est réveillée, Nora demande où est sa mère. Elle est en boucle, « maman, maman, elle est où maman ? », et je suis embêté parce que je n'en ai pas la moindre idée.

– Je sais. Pardon. Passe-la-moi, s'il te plaît, je vais lui expliquer.

– Leila l'a emmenée au parc… Merde, Jessie, je t'ai appelée cinquante fois ce matin…

Il a laissé échapper un long soupir dans le téléphone.

– Il est blessé ? Marco. Qu'est-ce qu'il a fait ?

– Il a pris un coup sur le crâne, une bagarre, mais ça va. On rentre, là. On sera à la maison dans deux heures.

Il a soupiré une deuxième fois, puis il a demandé si j'étais partie à cause de ce qu'il avait dit la veille. Cette histoire de divorce.

– Je le pensais pas. Je te jure que je le pensais pas. Je suis désolé.

C'était agréable à entendre, mine de rien. Je l'ai rassuré. Cela n'avait rien à voir. Marco s'était mis dans le pétrin. Pour une fois que je l'avais sous la main, j'avais pris le temps de lui parler vraiment.

– Fais attention sur la route, il a dit avant de raccrocher.

Je m'en voulais, pour Nora. J'avais du mal à visualiser Leila au parc, ses doigts manucurés plongeant une pelle ou un râteau dans ce sable qui sent la litière pour chats. Farid devait fumer à l'ombre, près des toboggans, en maudissant le ciel de lui avoir donné une belle-fille pareille. Mon sac s'est mis à vibrer entre mes pieds et j'ai cru que Jalil avait oublié de me dire quelque chose, mais c'était le téléphone de Marco. Dans la précipitation vers l'hôpital, je l'avais attrapé au kebab, sur son plateau. Je n'ai pas eu à taper de code, le message s'affichait à l'écran.

Jade.

« Je me sens sale. J'ai pas dormi de la nuit. »

J'ai vérifié le fond du couloir. J'ai relu le texto et le téléphone a vibré de nouveau. Elle appelait. Je suis restée une seconde à peser le pour et le contre.

– Jade, c'est Jessie. Je suis avec Marco, mais il n'est pas disponible pour le moment.

– Oh pardon, je suis désolée.

– C'est rien, il sera là dans cinq minutes.

Elle est restée en ligne, comme si elle attendait son retour. Puis, réalisant que le temps s'étirait, elle s'est excusée à nouveau.

– Pourquoi ? j'ai demandé.
– Pour hier. Le vomi. Tout ça.
– Ce n'est rien, ne t'inquiète pas.

Elle a tenu à s'embourber dans des explications. Elle était fatiguée, elle ne tenait pas l'alcool. Je n'avais rien pour relancer. Le silence a réoccupé l'espace.

– Jade, j'ai lu ton texto, j'ai fini par dire. Celui que tu viens d'envoyer. Je ne l'ai pas fait exprès, il s'est affiché.

Le silence, toujours.

– Je sais ce qu'il y a derrière. Marco m'a raconté.

Elle ne réagissait toujours pas, alors j'ai prononcé le mot.

Le viol.

Elle s'est affolée :

– Non mais c'était pas… C'était pas vraiment un viol. On est ensemble, avec Marco.
– Ce n'est pas incompatible.
– Non mais vous comprenez ce que je veux dire.
– Crois-moi, Jade, personne ne s'accuse d'une telle chose pour se faire mousser. Marco m'a dit qu'il t'avait violée.

Un fil s'était libéré de la couture de mon tee-shirt. J'ai tiré dessus et l'ai entortillé autour de ma main pour le couper, il s'est allongé.

– Qu'est-ce que ça change, si c'est du viol ? elle a lancé.

Ce n'était pas de la défiance. Sa voix restait douce, innocente.

– Qu'est-ce que ça change ?

J'ai quitté mon siège pour faire quelques pas dans le couloir. Je parlais en posant mes pas sur les rainures incrustées dans le lino.

– Vous inquiétez pas. Je vais pas porter plainte, elle a dit.

– Je crois que j'aimerais que tu le fasses, au contraire. J'aimerais que tu portes plainte.

Elle a pris le temps d'entendre cette phrase. Elle a bégayé légèrement, avant de réussir à demander :

– Mais pourquoi ?

– Parce que tu penses que ce n'est rien mais tu te sens sale et tu n'as pas dormi. Parce que tu arriveras peut-être à mettre cette nuit sous le tapis, mais elle reviendra, elle te suivra et elle te rattrapera. Ça finit toujours comme ça.

– Et Marco ira en prison, elle a dit.

– Non, il n'ira pas. Il mérite peut-être, mais il n'ira pas.

– Comment vous pouvez en être certaine ?

– Parce qu'il s'appelle Marco, qu'il est blanc, qu'il a 15 ans, qu'il a une mère enseignante, que tu es sa copine et pas une inconnue… Pour ces raisons et sans doute une centaine d'autres, il ne sera pas puni. Mais toi, toi tu t'en voudras de n'avoir rien fait. De t'être répétée que ça allait, que les expériences forgent la jeunesse, qu'après tout tu l'aimais, ce garçon du lycée.

Il y a eu un blanc à nouveau.

– On dirait que ça vous ferait plaisir, elle a lancé. Qu'il soit condamné.

– Bien sûr que non. C'est mon fils.

– Je ne vais pas porter plainte. On va en parler, avec Marco. On va en discuter. Vous êtes sa mère, d'accord, mais c'est pas une raison. Avec tout le respect que je vous dois, vous le connaissez pas. Moi je l'aime. Je sais que c'est un mec bien.

– Un mec bien, j'ai répété. Jade, toute ma vie j'ai rencontré des violeurs persuadés d'être des mecs bien. J'ai 43 ans. Je crois que ça n'existe pas, les mecs bien. Il y a des hommes qui prennent les femmes parce qu'elles sont là et qu'ils le peuvent, on les y autorise. Et d'autres qui, pour de bonnes ou de mauvaises raisons, s'interdisent.

– Marco n'a que 15 ans, elle a dit.

– C'est mon problème, ça. Toi, sauve ta peau.

– Qu'est-ce qu'il vous a fait pour que vous soyez comme ça ? Pourquoi vous faites tout ça ?

– Ça m'est arrivé aussi, j'ai dit. J'avais ton âge, à peu près, et j'aurais aimé que ma mère me dise « c'est grave, je t'emmène au commissariat ». Ça n'aurait sans doute rien changé à la suite mais ça m'aurait fait du bien, je me serais dit : Tu n'es pas folle, il y a au moins une autre personne qui pense que ce n'est pas normal.

Jade s'est enfoncée à nouveau dans le silence. J'entendais, malgré la distance, le son de toutes ces phrases prêtes à sortir qui se fracassaient contre ses dents, ses lèvres, son palais. Avant de raccrocher, elle a déclaré :

– J'ai déjà une mère, vous savez.

J'ai acquiescé. Je savais. J'ai attendu le dernier *bip* pour éloigner le téléphone. J'ai effacé la preuve du journal des appels. Les portes coupe-feu au bout du couloir se sont ouvertes dans un bruit de caoutchouc et Marco est apparu avec son pansement impressionnant.

– Alors ? j'ai demandé.

– Rien de spé. On y va ?

Il était 13 heures. J'ai signé un papier attestant qu'on quittait l'hôpital et on a retrouvé le Nissan. Marco gémissait. L'interne lui avait agrafé quatorze points dans le cuir chevelu. L'anesthésie se dissipait et il réalisait qu'il avait mal au pouce de la main droite. Il se l'était peut-être cassé dans la bagarre. Je me suis arrêtée à la pharmacie pour les antibiotiques, et j'ai roulé en sens inverse, en suivant les panneaux bleus qui indiquaient Paris. Marco a attendu d'être à l'abri sur l'autoroute pour rouler son dernier joint. Il a baissé sa fenêtre, juste assez pour laisser la fumée s'échapper par le filet d'air, avant de s'endormir contre sa portière. J'ai roulé d'une traite. À notre arrivée, l'appartement était désert, et ça m'a soulagée, en un sens. Un mot sur la table prévenait d'une sortie au zoo. Nora voulait voir des pingouins. En petit, sous son prénom, Jalil précisait qu'une pizza nous attendait dans le four, on n'avait qu'à la réchauffer. On l'a mangée debout dans la cuisine.

– Je vais me coucher, a lancé Marco en quittant la pièce.

– Prends un cachet, j'ai dit.

Il a ôté ses baskets affreuses en les frottant l'une contre l'autre et s'est fait avaler par le couloir. J'ai appelé son prénom à travers l'obscurité.

– Quoi ? il a crié.

– Je t'aime.

– Ouais. Ouais… Bonne nuit.

Il a fermé la porte derrière lui. J'ai vérifié l'heure sur le four. La journée attaquait son dernier tiers. J'ai fait couler du café et j'ai attendu avec ma fatigue sur le canapé. La télécommande était à sa place sur la table basse. Je l'ai envisagée avant d'y renoncer en me disant qu'il n'y aurait rien à la télé. Il n'y avait jamais rien. J'ai soulevé le col de mon tee-shirt pour sentir mon odeur. J'avais besoin d'une douche.

Dans la semaine qui a suivi, j'ai rencontré l'assistante sociale, j'ai négocié une dernière chance, j'ai tenté de réparer ce qui était cassé, j'ai continué de courir partout en essayant de sourire, d'être une bonne mère, quelqu'un de normal qui mène sa barque sans faire de vagues.

La fin juin est arrivée et mon proviseur m'a annoncé que Marco n'aurait pas la chance de redoubler dans notre établissement, j'allais devoir lui trouver un lycée. Jade est partie, elle aussi. Elle avait demandé Colbert, dans le 10e, pour les arts en spécialité. Avec Marco, ils sont restés collés l'un à l'autre le temps de l'été, puis l'amour s'est dilué dans la rentrée, et avant Noël, Jade l'avait quitté. Elle ne l'aimait plus. Ça ne se discutait pas. Devant moi, il tenait son rôle d'intouchable, le cœur en titane qui en avait vu d'autres, mais je l'entendais pleurer dans sa chambre. Des araignées retissaient leurs toiles sous son crâne. J'ai appelé la mère de Sophie pour qu'elle lui trouve un rendez-vous chez un confrère, quelqu'un de réputé. Marco a refusé d'y aller. Il maintenait que ça allait, qu'il n'était pas malade.

Je ne lui ai jamais dit que j'avais revu Jade. C'est arrivé dans la queue du cinéma. J'étais seule avec mon ticket, j'attendais que la salle se vide, quand une main s'est posée sur mon épaule. C'était elle, avec ses cheveux soyeux et son sourire plein de santé. J'étais incapable de lui rendre son enthousiasme, alors à toute vitesse j'ai demandé comment elle allait et quel film elle venait voir. Elle avait un peu honte. Le dernier *Indiana Jones*. Son mec avait choisi pour eux. En disant cela, elle a eu un mouvement vers la foule qui serpentait dans son dos. J'ai su que c'était lui sans l'avoir jamais vu : la quarantaine, du sel dans la barbe, une doudoune ouverte sur une chemise Oxford, rentrée dans un jean qui lui tombait en plis sur les chevilles. Il a levé le nez de son téléphone et nous a adressé un petit signe de la main. Jade s'est retournée. « N'en parlez pas à Marco, s'il vous plaît, ça ne sert à rien. » J'ai promis. L'ouvreuse m'a fait signe de la suivre et Jade a retrouvé sa place dans la file. Les bandes-annonces ont défilé. Je pensais à la mère de Jade. Je me demandais si elle cautionnait tout ça, le fait que sa fille sorte avec un homme qui avait l'âge qu'aurait eu son père. Les lumières se sont éteintes et, dans le noir, j'ai cessé totalement d'y penser. Je venais voir une version restaurée d'*Il Postino*. Le Facteur. L'histoire de Mario Ruoppolo, un garçon simple et analphabète qui voit Pablo Neruda débarquer sur sa petite île au large de la Sicile. Exilé politique et candidat au prix Nobel de littérature, le poète reçoit des lettres de soutien des quatre coins de la planète. Mario se porte candidat pour les lui porter, et tous les matins, sa casquette des postes italiennes vissée sur la tête, il pédale sur le chemin de montagne qui conduit à la maison rose où séjourne l'écrivain. Au contact de Neruda, Mario découvre le communisme et la poésie. Et quand, au café, il tombe amoureux d'une serveuse qui aime le baby-foot et les métaphores, le vieil homme y met du sien pour l'aider à la séduire. Parce qu'il y a cet amour improbable entre un héros à moitié bègue et une déesse irréelle, on serait tenté de ranger l'œuvre dans les comédies romantiques, mais *Il Postino* est un film sur l'amitié qu'on porte aux gens qui entrent dans nos vies par effraction. Quand l'exil prend fin et que Neruda retrouve le Chili, Mario l'attend au village, persuadé qu'il ne l'oubliera pas. J'ai vu ce film cent fois et je pleure encore au moment où Mario enregistre les sons de son île, le bruit des vagues, les petites et les grosses, le tintement des cloches de l'église, les battements du cœur de son fils. Il enregistre tout ça pour Neruda, pour l'aider à l'inspiration le jour où il reviendra. Massimo Troisi incarne Mario Ruoppolo, le facteur. Massimo a 41 ans en 1994. Il souffre d'une malformation cardiaque. Il attend une transplantation mais il sent qu'il tient le film de sa vie alors il repousse la greffe, et meurt le lendemain du dernier jour de tournage, d'un infarctus.

En sortant du cinéma, j'ai pressé le pas. Je ne voulais pas que Jade me voie. La nuit était tombée. Je suis rentrée à pied, en me faisant la réflexion qu'à mon âge Massimo Troisi était mort depuis quatre ans. Le lendemain, je n'ai pas prêté attention à ce que faisait Marco. J'avais un conseil de classe, je suis rentrée tard. Je me suis étonnée de ne pas le croiser au petit déjeuner, alors j'ai toqué à la porte de sa chambre. Son lit était fait, comme à l'armée. Marco ne faisait pas son lit. Jamais. Sur le petit bureau qui devait lui servir à faire ses devoirs mais n'avait été encombré que par des piles de fringues, il y avait un paquet avec un Post-it jaune sur lequel, au stylo bleu, il avait écrit : « Pour Nora ». J'ai ouvert le paquet et trouvé son iPhone à l'intérieur, au grand complet : chargeur, puce, écouteurs. J'ai appelé Jalil au boulot. Il n'avait pas vu Marco depuis trois jours. J'ai appelé la police mais ça sonnait dans le vide, alors j'ai retourné sa chambre, à la recherche d'un indice, et au fond de son armoire, froissée en boule derrière les vieux maillots de foot qu'il n'arrivait pas à donner, j'ai trouvé une feuille A4 sur laquelle s'étalait, en caractères immenses et gras, le mot « convocation » :

CONVOCATION

> À la demande de SILVERT Emmanuel, Agent de Police judiciaire, monsieur ORIALI Marco est prié de bien vouloir se présenter à l'adresse suivante : Commissariat

central du 19e arrondissement, 3-5 rue Erik-Satie 75019 PARIS, le lundi 19 février à 14 heures. Motif : affaire vous concernant

« Affaire vous concernant. » Je me suis assise au bord du lit. « Affaire vous concernant. » Ça pouvait être la bagarre de Reims. J'ai relu chaque phrase. J'ai plié la lettre par le milieu et j'ai senti que j'allais me mettre à pleurer. J'ai attrapé l'oreiller. J'ai hurlé de toutes mes forces à l'intérieur. Ça a duré longtemps. Le linge avait l'odeur du gel qu'il se mettait dans les cheveux. J'ai réussi à me calmer. Je suis restée un moment à balayer du regard cette chambre impeccable. J'ai voulu appeler Jade. Puis j'ai pensé à Ludo. Il fallait que je le prévienne. J'ai pensé à Benoit. J'ai pensé à Neruda. J'ai pensé à la fuite qui est la pire des options et au passé qui ne passe pas, qui nous rattrape, qui remonte depuis les abysses pour éclater en surface. J'ai pensé aux hommes qui manquent de courage. J'ai pensé à Sophie, aux phrases qu'elle prononçait quand ça n'allait pas, et j'ai pensé aux montagnes. Aux montagnes qui se regardent de loin. Qui s'interpellent par-delà les vallées. À défaut de pouvoir se rencontrer.

L'EXEMPLAIRE QUE VOUS TENEZ ENTRE LES MAINS
A ÉTÉ RENDU POSSIBLE GRÂCE AU TRAVAIL DE TOUTE UNE ÉQUIPE.

ÉDITION : Alba Beccaria, Laurent Beccaria et Sylvie Gracia
COUVERTURE ET CONCEPTION GRAPHIQUE : Quintin Leeds
RÉVISION : Nathalie Capiez, Emmanuel Dazin
et Isabelle Paccalet avec Julie Mandart
MISE EN PAGE : Soft Office
PHOTOGRAVURE : IGS
FABRICATION : Marie Baird-Smith
DIRECTION COMMERCIALE : Adèle Leproux
COORDINATION ÉDITORIALE : Thomas Garet
RELATIONS LIBRAIRES : Alexandra Profizi
PRESSE : Alina Gurdiel, avec Lise Chaton
COMMUNICATION DIGITALE : Alice Huguet

RUE JACOB DIFFUSION : Élise Lacaze (direction),
Katia Berry (grand Sud-Est), François-Marie Bironneau (Nord et Est),
Charlotte Jeunesse (Paris et région parisienne), Christelle Guilleminot
(grand Sud-Ouest), Laure Sagot (grand Ouest), Diane Maretheu
(coordination), Charlotte Knibiehly (ventes directes)
et Camille Saunier (librairies spécialisées)

DISTRIBUTION : Interforum

DROITS FRANCE ET JURIDIQUE : Geoffroy Fauchier-Magnan et Marion Rowe
DROITS ÉTRANGERS : Sophie Langlais et Ella Bartlett
DROITS AUDIOVISUEL, THÉÂTRE, PODCAST : Alba Beccaria
et Geoffroy Fauchier-Magnan
ACCUEIL ET LIBRAIRIE : Laurence Zarra et Lucie Martino
ENVOIS AUX JOURNALISTES ET LIBRAIRES : Vidal Ruiz Martinez
COMPTABILITÉ ET DROITS D'AUTEUR : Christelle Lemonnier,
Camille Breynaert et Christine Blaise
SERVICES GÉNÉRAUX : Isadora Monteiro Dos Reis

L'ensemble de cet ouvrage a été réalisé
dans le respect des règles environnementales en vigueur.
Il a été imprimé par un imprimeur certifié Imprim'vert,
sur du Lac 2000 PEFC pour l'intérieur
et une carte Crescendo PEFC pour la couverture.

Achevé d'imprimer sur Roto-Page en avril 2024
par l'Imprimerie Floch à Mayenne (Mayenne)
et chez Déjà Link à Stains (Seine-Saint-Denis)
pour la couverture et la bande.

ISBN : 978-2-37880-456-5
Numéro d'impression : 104769
Dépôt légal : août 2024

En France, un livre a le même prix partout.
C'est le « prix unique du livre » instauré par la loi de 1981
pour protéger le livre et la lecture.
L'éditeur fixe librement ce prix et l'imprime sur le livre.
Tous les commerçants sont obligés de le respecter.
Que vous achetiez votre livre en librairie, dans une grande surface
ou en ligne, vous le payez donc au même prix.
Avec une carte de fidélité, vous pouvez bénéficier d'une réduction allant
jusqu'à 5 % applicable uniquement en magasin
(les commandes en ligne expédiées à domicile en sont exclues).
Si vous payez moins cher, c'est que le livre est d'occasion.

Gabos Nocturne n° 6

Le lac de Côme op 24